BUR

NINO DI MATTEO
SALVO PALAZZOLO

COLLUSI

BUR
FUTUROPASSATO

ISBN 978-88-17-08169-6

Prima edizione BUR Futuropassato maggio 2015

A mia moglie Anna,
amore di una vita

Ai miei figli Dario e Paola,
perché trovino sempre la forza di combattere
per i loro ideali
N.D.M.

A Valentina
S.P.

Introduzione
Le domande ancora senza risposta

Totò Riina, il capo di Cosa nostra, sfoggia un odio davvero particolare per il pubblico ministero Nino Di Matteo. Non perde un'udienza del processo sulla trattativa Stato-mafia per scrutarlo ancora una volta attraverso il monitor delle videoconferenze. «Vedi? Vedi? Si mette là davanti» spiega al suo compagno dell'ora d'aria, il boss pugliese Alberto Lorusso, «guarda così, guarda, mi guarda, guarda con gli occhi puntati così e io pure... Tà, tà. A me non mi intimorisce.» Riina vuole Di Matteo morto. «E allora organizziamola questa cosa» ha sussurrato il 16 novembre 2013 a Lorusso «facciamola grossa e non ne parliamo più.» E mentre lo diceva, tirava fuori la mano sinistra dal cappotto, mimando il gesto di fare in fretta.

Quel giorno il boss compiva ottantatré anni; dal 1993 si trova al carcere duro, ma non ha smesso di essere l'uomo dei misteri italiani. Questa volta, però, una telecamera piazzata dalla Direzione investigativa antimafia nell'atrio del carcere milanese di Opera ha ripreso un suo ordine di morte. Non era mai accaduto. «Perché» insisteva «questo Di Matteo non se ne va? Gli hanno rinforzato la scorta. E allora se fosse possibile a ucciderlo, un'esecuzione come eravamo a quel tempo a Palermo, con i militari.» È nostalgico il capo di Cosa nostra. Rievoca la stagione delle bombe del 1992, che portarono a Palermo i militari dell'operazione Vespri siciliani. Era la risposta dello Stato all'uccisione di Giovanni Falcone e Paolo Borsellino, trucidati con i poliziotti delle scorte. «Noi partivamo la mattina, da Palermo a Mazara» ora il padrino di Corleone ha un tono beffardo «c'erano i soldatini, poverini, in fila indiana. A chi hanno fatto spaventare? A nessuno.» Riina non sembra affatto fiaccato, ci tiene soprattutto a dimostrare di non sentirsi sconfitto. Di sé dice al compagno di passeggiate: «Ne dovrebbero nascere mille l'anno come Totò Riina» (18 agosto 2013). E poi si vanta della morte di Giovanni Falcone: «Gli ho fatto fare la fine del tonno» (20 agosto 2013). La stessa fine che invoca per Di Matteo: «Ti farei diventare il primo tonno, il tonno buono» (26 ottobre 2013).

Perché tanto odio di Totò Riina nei confronti del magistrato simbolo del processo Trattativa? Le udienze di Palermo agitano parecchio l'anziano padrino. E non dev'essere per la condanna che rischia, appena una manciata di anni: poca cosa rispetto ai numerosi ergastoli che si trova già sulle spalle. A scorrere le esternazioni di Riina, tutte agli atti del processo Trattativa, sembra che solo una cosa stia a cuore al padrino più autorevole di Cosa nostra, anzi lo ossessioni: ribadire il ruolo che ha svolto nell'Italia degli ultimi trent'anni e allontanare così l'idea che sia stato un *pupo*, un burattino nelle mani di forze occulte annidate dentro lo Stato. «Sono diventato una cosa immensa» sussurrava a Lorusso «sono diventato un re. Se mi dicevano un giorno che dovevo arrivare a comandare la storia... Sono stato importante» (23 agosto 2013). Lui e solo lui, Totò Riina. Questo ribadisce ancora una volta il capo della mafia siciliana, per sgombrare il campo dalle ombre di suggeritori o complici eccellenti che potrebbero averlo guidato o addirittura orientato nelle sue scelte.

E, allora, anche la trattativa con uomini dello Stato – di cui parlò per la prima volta ai magistrati il suo pupillo Giovanni Brusca, nel 1996 – gli sta stretta. Lo disse chiaro e tondo agli agenti della polizia penitenziaria, il 31 maggio 2013, mentre stava per essere portato nella saletta delle videoconferenze per assistere al processo: «Io non cercavo nessuno, erano loro che cercavano me». Quella voglia di esternazioni ha portato i pubblici ministeri di Palermo a disporre le intercettazioni dei colloqui durante l'ora d'aria, per cogliere ancora meglio i pensieri di Riina, che in carcere parla e straparla con il compagno di passeggiate (solo all'aperto, mai nella saletta deputata alla socialità, dove giocano a carte). Davanti ai giudici, invece, non apre bocca. Così, microspie e telecamere hanno fatto emergere la vera natura di Cosa nostra, sulla quale comunque restano ancora tanti interrogativi.

Ecco la ragione di questo libro, che raccoglie le riflessioni del pubblico ministero Nino Di Matteo, per come sono emerse attraverso alcune nostre conversazioni: provare a tracciare una mappa di ciò che ancora non sappiamo della mafia siciliana. Perché, come il suo capo, l'organizzazione sembra tutt'altro che fiaccata nonostante i ripetuti arresti e processi.

Riina conferma quanto Giovanni Falcone ripeteva: ufficialmente, Cosa nostra non prende ordini da forze esterne. Ma qualcuno, al suo interno, ha avuto intense relazioni con uomini della società civile, della politica e delle istituzioni. Relazioni ancora avvolte da tanti, troppi misteri, su cui punta il dito anche lo stesso boss. Si vanta dell'omicidio del generale Carlo Alberto dalla Chiesa: «Quando ho sentito alla televisione: promosso nuovo prefetto di Palermo, distrugge la mafia... "Prepariamoci" gli ho detto. "Mettiamo tutti i ferramenti a posto, il benvenuto gli dobbiamo dare"» (6 novembre 2013). Ma in un'altra occasione, Riina aveva tenuto a precisare che Cosa nostra non c'entra niente con le carte scomparse dalla cassaforte del prefetto, poche ore dopo la sua morte. E accusava: «Questi carabinieri, questi carabinieri internazionali, questi spioni sono [...]. A dalla Chiesa ci svaligiarono dentro, e gli hanno preso tutte cose. Perché i discorsi di Palermo... I discorsi a Palermo sono... sono assai, tutti grossi e tutti, tutti bomb... tutti, tutti morti, morti, morti di tanti livelli» (29 agosto 2013).

Parole sibilline, ma ne è chiaro il significato nella mentalità del criminale: Riina vuole affermare ancora una volta di non essere stato il *pupo* di nessuno. «Io ho fatto sempre l'uomo d'onore, la persona seria» (4 settembre 2013). «Io sono un gran pensante» (9 settembre 2013). «Io sono orgoglioso di tutto quello che ho fatto» (11 settembre 2013).

Lo ribadisce anche per Borsellino. Rivendica la strage, ma tiene a precisare: «I servizi segreti gliel'hanno presa l'agenda rossa» (4 ottobre 2013). E in un altro passaggio ricorda la risposta data al procuratore di Caltanissetta Sergio Lari, durante un interrogatorio in cui gli era stato chiesto di suoi eventuali contatti con i servizi segreti: «Se mi incontravo con questi, se mi fossi incontrato con questi, non mi chiamerei più Salvatore Riina. Non li conosco» (4 ottobre 2013).

Eppure, almeno in modo implicito, Riina conferma la perfetta e inquietante sincronia delle due fasi che hanno caratterizzato quasi tutti i delitti eccellenti a Palermo. Dopo l'intervento degli uomini della mafia (i loro nomi li conosciamo, sono nelle sentenze di condanna), ne arrivano sempre altri (le cui identità sono ancora un mistero): quelli che cancellano le ultime tracce lasciate dalle vittime appena assassinate. Rovistano nelle loro abitazioni, nei loro uffici, fanno «pulizia» attorno ai cadaveri. Riina si tira fuori dai sospetti, ma getta un'ombra sui suoi più stretti collaboratori. «Mi spiace prendere certi argomenti» afferma riferendosi al suo amico di sempre, a proposito della stagione delle stragi e della trattativa «questo Binnu Provenzano chi è che gli dice di non fare niente? Qualcuno ci deve essere che glielo dice, perché non devo fare niente? Quindi tu collabori con questa gente... a fare il carabiniere pure...» (19 agosto 2013). Riina accusa anche i fedelissimi Madonia di rapporti con uomini dello Stato: «Erano confidenti dei servizi segreti» (8 novembre 2013). E persino al pupillo Matteo Messina Denaro dà del «carabiniere» (20 settembre 2013).

In fondo, nulla di nuovo sotto il sole di Palermo. Riina continua a parlare il suo linguaggio di mafioso, specie nella declinazione preferita: quella del «tragediare». Ovvero, sostenere tutto e il contrario di tutto. Sollevare sospetti e accuse. Per alzare un polverone in cui non si riesca più a distinguere la verità. Quella che cercano i magistrati, con un'ostinazione che al padrino non va proprio giù: «Bisognerebbe ammazzarli tutti» (20 settembre 2013); «C'è la dittatura assoluta di questa magistratura» (9 novembre 2013).

Il vecchio boss ce l'ha anche con chi aveva promesso di fermarli, i magistrati: «Berlusconi non ha fatto niente, perché noi siamo qui e lui è là». (26 ottobre 2013). È Silvio Berlusconi il politico più insultato dal capo di Cosa nostra: prima una battuta dietro l'altra sui «festini», poi il tono della voce di Riina si fa serio. «A noialtri ci dava duecentocinquanta milioni ogni sei mesi» (22 agosto 2013). È una delle principali rivelazioni che il padrino di Corleone fa nel corso delle sue esternazioni, quella su

Silvio Berlusconi e il patto di protezione stipulato con Cosa nostra tramite il fidato amico Marcello Dell'Utri («Una persona seria» lo definisce Riina). È ormai storia accertata definitivamente, con la sentenza che ha portato in carcere Dell'Utri: negli anni Settanta Berlusconi temeva un sequestro, dieci anni più tardi voleva tutelare i suoi ripetitori in Sicilia. Ecco perché tanti soldi hanno viaggiato fra Milano e Palermo. Questo afferma la Cassazione. Riina conferma e rilancia: «È venuto, ha mandato là sotto a uno, si è messo d'accordo, ha mandato i soldi a colpo, a colpo. Ci siamo accordati con i soldi e a colpo li ho incassati».

Chissà come mai rivela tutti questi dettagli su Dell'Utri e Berlusconi. Forse perché spera che quel segreto esca in qualche modo dal carcere, magari proprio attraverso il compagno dell'ora d'aria? Intende così mandare un messaggio ricattatorio? Interrogativi che fanno nascere altre domande: chi è veramente quel Lorusso, che sembra un complice interessato piuttosto che un mafioso come tanti? Chi l'ha piazzato accanto a Riina in carcere? I magistrati di Palermo non avevano alcuna competenza in proposito, quindi quali altri organi dello Stato si sono mossi?

Di certo, a Riina non restano che i suoi segreti più profondi come ultima arma micidiale. Lo conferma lui stesso, quando spiega a Lorusso che nella cassaforte della propria villa non c'era nulla di particolare: «Io cose importanti non ne avevo e se li avevo li avevo nella mente» (29 agosto 2013). Questa è la frase che racchiude il mistero di Riina e della sua organizzazione criminale: i padrini al 41 bis conservano ancora segreti su tanti rapporti inconfessabili, sulle complicità, sui prestanome. È la vera forza che rimane loro. Ecco perché non servirà arrestare tutti i mafiosi per sconfiggere la mafia. Bisogna carpirne i segreti più profondi. Altrimenti, questo nostro Paese vivrà perennemente sotto il giogo del ricatto di Cosa nostra, che si estende in vasti settori della società, dell'economia, della politica.

Dobbiamo quindi tornare a farci delle domande sull'organizzazione mafiosa, che dalle indagini della magistratura appare ancora alla ricerca spasmodica di contatti con il potere legale. Come se non fosse un anti-Stato, ma aspirasse a crearsi uno spazio sempre maggiore all'interno delle istituzioni e della società civile. Perché è lì che è possibile razziare fondi e risorse pubbliche.

In quest'ottica ho rivolto le mie domande, attorno alle questioni su cui oggi più si dibatte, al sostituto procuratore di Palermo Nino Di Matteo. L'ho incontrato una decina di volte fra agosto e dicembre del 2014. Ne ho raccolto le analisi, le sensazioni e le idee su un mondo criminale che oggi appare tutt'altro che in crisi, perché si alimenta ancora delle proprie complicità. Intanto, continuavano ad arrivare notizie allarmanti sull'intenzione dell'organizzazione mafiosa di colpire Di Matteo: il rampollo di uno dei clan più in vista di Palermo, Vito Galatolo, ha svelato che Cosa nostra aveva addirittura acquistato in Calabria duecento chili di tritolo per realizzare l'attentato. E attorno al magistrato è scattato un apparato di sicurezza senza precedenti. Per qualche tempo è stato letteralmente impossibile incontrarlo, ho temuto che il progetto di questo libro si fosse arenato in maniera definitiva.

Ho rivisto Nino Di Matteo una mattina di novembre, mentre un lunghissimo corteo sfilava davanti al palazzo di Giustizia per esprimergli solidarietà. Lui è andato fra i ragazzi dei licei palermitani per ringraziarli, ha parlato con la sua solita schiettezza di impegno e di speranza, di coraggio e di senso civico. Mentre leggeva un breve messaggio scritto a penna su un foglietto, circondato dai carabinieri della scorta, mi è apparso provato, affaticato. Chi non lo sarebbe dopo aver saputo che sulla propria testa pende la condanna a morte di una pericolosa organizzazione criminale? Ritengo che Nino Di Matteo avrebbe tutte le ragioni per decidere di andare via da Palermo, lontano da una vita blindata che deve essere asfissiante per lui e la sua famiglia. Ma, per adesso, ha deciso di restare e proseguire il suo lavoro al palazzo di Giustizia, assieme ai colleghi del pool: i sostituti procuratori Francesco Del Bene e Roberto Tartaglia, e il procuratore aggiunto Vittorio Teresi.

Questa volta, a differenza di quanto è accaduto a Palermo negli anni passati, i vertici dello Stato si sono mossi con tempestività per assicurare il massimo della protezione a Di Matteo e a tutti gli altri magistrati minacciati; sono davvero tanti, negli ultimi tempi, quelli che hanno ricevuto segnali inquietanti. Una misteriosa irruzione è stata fatta persino nella stanza del procuratore generale di Palermo, Roberto Scarpinato: qualcuno gli ha lasciato sulla scrivania una lettera dai toni pesanti.

Dopo le intercettazioni di Riina in carcere, si è riunito il Comitato nazionale per l'ordine e la sicurezza – presieduto dal ministro dell'Interno Angelino Alfano – e sono state varate misure straordinarie di protezione per la sicurezza del palazzo di Giustizia. Poi, dopo le rivelazioni di Vito Galatolo, il Comitato è tornato a riunirsi alla presenza anche del ministro della Giustizia, Andrea Orlando, e dei capi dei servizi di sicurezza. Ci fosse stata tanta attenzione nel 1992, forse oggi Giovanni Falcone e Paolo Borsellino sarebbero ancora vivi. Invece, gli agenti di scorta di Falcone erano costretti addirittura a fare ore di anticamera in questura, per ottenere anche solo un giubbotto antiproiettile. E davanti al condominio della madre di Borsellino non fu mai istituita una zona di rimozione forzata. Dai drammatici errori del passato, le istituzioni hanno imparato.

Tira però una brutta aria a Palermo, e Nino Di Matteo mi appare comunque un uomo solo. Come tanti altri, che incontro ogni giorno: uomini soli nelle istituzioni, nelle chiese, nei sindacati, nelle scuole, nella società civile. Persone che hanno avuto il coraggio di porre domande scomode e sono finite isolate dal loro stesso ambiente. Le riconosci perché non vengono mai invitate alle kermesse antimafia che ora piacciono tanto alla politica, e non ricevono accorate telefonate dai vertici delle istituzioni dopo l'ennesima minaccia.

Da qualche tempo, ormai, ho la spiacevole sensazione che l'antimafia sia diventata una sorta di circolo affollato, in cui campeggiano sempre più proclami (spesso mascherati da autorevoli pareri o analisi) ma poco interessa la ricerca della verità su quanto accaduto nel recente passato. Io conservo ancora il taccuino di quel maledetto pomeriggio del 19 luglio 1992; un taccuino sul quale non riuscii a scrivere nulla, nonostante sia stato uno dei primi ad arrivare sul luogo della strage di via D'Amelio: per due ore rimasi a vagare senza meta fra i corpi mutilati e le macerie. Giovanissimo aspirante giornalista, non riuscivo a capire cosa fosse accaduto per davvero, non sapevo come iniziare a raccontare quanto vedevo. Da quel giorno faccio il cronista a Palermo, e provo ancora le stesse sensazioni quando mi fermo a riflettere sul senso di certi eventi. Difficile, ad esempio, capire cosa ci sia dietro la scandalosa latitanza di Matteo Messina Denaro: si protrae ormai da più di vent'anni, evidentemente grazie a complicità eccellenti, ma non sappiamo quali. Anche le ultime rivelazioni sul piano di morte contro Di Matteo riaprono scenari misteriosi, che sembravano essere relegati al passato. Galatolo ha spiegato come l'ordine sarebbe arrivato proprio da Messina Denaro, ma ha lasciato intendere che l'iniziale suggerimento provenisse dall'esterno di Cosa nostra, non è ancora chiaro da chi e per quali specifici interessi.

Ho la sensazione di non comprendere a fondo cosa sia diventata oggi Cosa nostra: di certo, c'è solo che è cambiata velocemente, anche come reazione a una stagione giudiziaria senza precedenti. Per questa ragione, non smetto di fare domande. A Nino Di Matteo ne ho rivolte alcune che ritengo fondamentali. La prima è questa: perché la mafia continua a cercare lo Stato? Negli ultimi tempi è ancora più evidente: l'organizzazione non perde occasione per insinuarsi dentro le istituzioni e la società civile. Per tornare a essere forza di governo.

Di Matteo mi ha spiegato la sua idea di mafia e di antimafia. Nei racconti che mi ha fatto, ho cercato di cogliere anche le sue sensazioni in questo momento così particolare. Non è stato facile, Di Matteo resta una persona molto riservata e interpreta la sua funzione di magistrato in modo estremamente rigido: ha rilasciato poche scarne interviste, nessuna da quando è diventato il bersaglio delle minacce di Riina; da sempre partecipa solo a eventi pubblici organizzati da scuole, associazioni e mezzi di informazione, mai da gruppi politici; ha scelto di non far parte di alcuna corrente della magistratura. Vuole essere un pubblico ministero e basta. Forse, per questo non piace alla politica, da destra a sinistra. Di lui, Attilio Bolzoni ha scritto su «Repubblica»: «Un magistrato più denigrato, minacciato e isolato non lo ricordo dagli anni di Falcone e Borsellino. Anche loro avevano tutti contro».

Oggi Di Matteo segue il processo Trattativa e le altre inchieste collegate ma, secondo le regole inizialmente imposte dal Consiglio superiore della magistratura e poi recepite dall'ordinamento giudiziario, è ufficialmente scaduto dal suo incarico alla Direzione distrettuale antimafia. Ed è stato assegnato a un altro gruppo di lavoro in procura. Così, mentre continua a scavare nei segreti dei rapporti fra mafia e potere, deve occuparsi anche di verande abusive e di contravvenzioni al codice della strada. Dove non è arrivata la mafia, per fermarlo, ha colpito certa antimafia. E non è un caso isolato: in Italia c'è appunto questa norma assurda, secondo cui i pubblici ministeri possono occuparsi solo per dieci anni di indagini sulla mafia. In pratica, hanno appena il tempo per acquisire competenze, avviare una strategia giudiziaria e coglierne qualche risultato. Poi sono costretti a passare ad altro. Se già negli anni Ottanta ci fosse stata questa regola, anche Falcone, Borsellino e tutti gli altri martiri della giustizia avrebbero rischiato di occuparsi di verande abusive. La lotta alla mafia deve fare ancora molta strada.

20 febbraio 2015

S.P.

1
Perché la mafia cerca lo Stato?

Una velata raccomandazione

Il vero volto della mafia l'ho intravisto per la prima volta una mattina di vent'anni fa. Ero un giovanissimo magistrato della Procura di Caltanissetta; mi occupavo di criminalità comune e della faida fra Cosa nostra e i clan ribelli della Stidda, che insanguinava Gela. Il procuratore capo fece scivolare sulla sua scrivania una piccola cartella. Me la ricordo ancora, era di colore verde. Non disse una parola. Mi accorsi subito che sul frontespizio c'era il nome di uno dei collaboratori di giustizia più importanti di Cosa nostra, Salvatore Cancemi, ex componente della commissione provinciale di Palermo, l'organismo di vertice delle famiglie. Sollevai la copertina, intravidi poche righe. Terribili, inquietanti. Mi sentii schiacciato all'improvviso da una cappa cupa e asfissiante: lì, mi sembrò di vedere il volto della mafia. Ci sono giorni in cui avverto ancora quell'atmosfera, a Palermo. In questi ultimi mesi, sempre più irrespirabile.

Il pentito svelava che il giudice *a latere* nell'appello del maxi-ter, il terzo troncone del primo grande processo alla mafia, era stato avvicinato tramite il fratello medico, perché fosse ammorbidita la posizione di un imputato. Un imputato davvero eccellente: Tommaso Cannella, mafioso vicino al vertice corleonese e da sempre membro del ristretto gruppo che ha ispirato le strategie più alte dell'organizzazione.

Rilessi non so quante volte le righe che il procuratore mi aveva affidato. Poi, nel giro di qualche giorno, organizzai l'audizione di Cancemi, lontano dalla Sicilia. Era il primo di una serie di interrogatori, che avrebbero toccato anche gli omicidi eccellenti degli anni Ottanta e le stragi del 1992. Non ho più dimenticato quell'incontro. Al termine di una lunga audizione, Cancemi abbassò il tono della voce e mi confidò: «Dottore, lo sa cosa mi ripeteva Salvatore Riina? "Senza i rapporti con il potere, Cosa nostra sarebbe solo una banda di sciacalli"». Ovvero, un'accozzaglia di delinquenti destinata a scomparire alla prima seria attività repressiva. Fece una pausa, credo per attirare ancora di più la mia attenzione. Poi, gesticolando aggiunse: «Sarebbe stata solo una banda di sciacalli, senza quei rapporti. Se voi, Stato, non lo capite, non potrete mai contrastare veramente Cosa nostra. E se non smantellate quei rapporti, sarà come una malapianta che ricresce sempre quando la tagli, più forte di prima».

Mi impressionarono le parole di Cancemi. Fino ad allora mi ero mosso seguendo una visione più semplicistica e in fondo più rassicurante dei rapporti fra mafia e potere, quella che avevo letto sui libri: da una parte i buoni, dall'altra i cattivi; da una parte i bianchi, dall'altra i neri. Ma sarebbe servito solo qualche giorno perché comprendessi in tutta la sua forza dirompente cosa aveva voluto dirmi quel capomafia pentito. Convocai infatti come testimone il fratello del giudice del maxi-ter, un medico dell'Ospedale Ingrassia di Palermo, colui che secondo la ricostruzione di Cancemi era stato avvicinato per primo: con molto imbarazzo confermò l'episodio, e soprattutto raccontò che erano stati due colleghi – il suo primario e un altro stimatissimo professionista – a lanciargli una velata raccomandazione, con tono solo in apparenza affabile e cordiale. Cominciavano dunque a fare capolino dei volti, dei nomi, delle parole esplicite.

Decisi di convocare i due medici: Vincenzo Di Noto, il primario dell'Ospedale Ingrassia, e Giovanni Mercadante, uno dei radiologi più noti di Palermo, cugino del boss Cannella. Percepii subito la loro elegante arroganza e soprattutto la sicumera, che ancora non sapevo da cosa derivasse. Il primario ribaltò abilmente lo scenario dell'indagine: sostenne con fermezza che era stato il fratello del giudice a chiedergli un incontro con Mercadante, per sollecitare una raccomandazione in favore della figlia, che aspirava a vincere un concorso in una delle aziende sanitarie della città. «Mi limitai a organizzare l'appuntamento» aggiunse Di Noto «e poi li lasciai mentre parlavano nel mio ufficio.» Mercadante, c'era da aspettarselo, confermò la stessa versione. Non mi rimaneva che metterli a confronto con il fratello del giudice, ma non cambiarono di una sola virgola le loro dichiarazioni. Sentivo che stavano mentendo. Sapevo che, con abilità e intelligente spregiudicatezza, mi stavano ingannando. Ma sapevo anche di non avere prove. E non potei fare nulla nei loro confronti. Mi restarono tanti sospetti, e i volti dei due professionisti della città bene impressi nella mente.

Fino a quando, tanti anni dopo, mi sono nuovamente imbattuto in quegli stessi nomi nel contesto più ampio delle indagini sul cerchio magico del capomafia Bernardo Provenzano. Nel 2001, Vincenzo Di Noto fu sorpreso dalla polizia nel covo del capomafia latitante Benedetto Spera, durante un blitz all'interno di una masseria di Mezzojuso, nel cuore della provincia di Palermo. Mercadante era diventato intanto deputato regionale di Forza

Italia, nel 2006 venne arrestato per associazione mafiosa; di recente, poi, è stato condannato dalla Corte d'appello. I suoi servigi al gotha di Cosa nostra non sono stati vani: lo hanno favorito nella carriera e gli hanno fatto ottenere incarichi e primariati sempre più importanti e prestigiosi. Questo ha accertato il lungo processo: un *do ut des* ad altissimo livello, emblematico del perverso sistema di scambio tra la mafia e gli altri poteri.

Non potevo certo immaginare tutto questo nel momento in cui iniziavo l'indagine sul tentativo di condizionamento del giudice del maxi-ter. Ma in quei giorni respiravo già, per la prima volta, l'essenza più autentica del potere mafioso. Mi immergevo in un'atmosfera fatta di gesti, sguardi, parole non dette o solo sussurrate, atteggiamenti di formale e strumentale rispetto per una giustizia che qualcuno avrebbe voluto piegare all'interesse dei più forti.

Fu in quei giorni che iniziai a interrogarmi su quale fosse la vera essenza del rapporto fra la mafia e il potere.

Indagine dentro le istituzioni

Da allora sono passati vent'anni. E vent'anni di indagini e processi – che ho seguito da osservatori privilegiati come la Direzione distrettuale antimafia di Caltanissetta prima e di Palermo poi – mi hanno fatto capire che Cosa nostra, più delle altre mafie, ha sempre avuto nel suo dna la ricerca esasperata del dialogo con le istituzioni. Un dialogo finalizzato al raggiungimento di uno scopo semplice, definito e micidiale per la libertà e la democrazia nel nostro Paese: la creazione di un potere che pretende di non essere scalfito, parallelo rispetto a quello istituzionale e che di fatto a essere molto più comodo impiegare le migliori risorse per colpire i mafiosi colpevoli di estorsioni e traffico di droga, e non quelli che coltivano i rapporti, a livello più alto, con i palazzi del potere.

Negli ultimi anni, seguendo le indagini sulla trattativa fra pezzi dello Stato e i vertici di Cosa nostra, ho avvertito il peso di quella stessa atmosfera vischiosa. Tante, troppe persone, anche all'interno delle istituzioni, sembrano aver recepito perfettamente il messaggio lanciato dall'allora presidente del Consiglio Silvio Berlusconi quando si seppe della nostra inchiesta. Un messaggio chiaro, inequivocabile: quelle indagini dei magistrati di Palermo erano tempo sprecato, costituivano un vero e proprio sperpero di risorse pubbliche.

Sono parole che non condivido, e non mi farò condizionare dalla loro valenza intimidatoria. Resto convinto che se non si farà ora ogni sforzo per diradare i punti oscuri sulla stagione delle stragi non ci libereremo mai dal giogo del ricatto mafioso. Ritengo che le indagini sul passato non siano solo doverose come quelle di più stretta attualità, ma siano fondamentali per capire se mafia e potere istituzionale sono ancora oggi intrecciati in quei rapporti perversi che hanno alimentato il drammatico periodo del 1992-1993. Eppure, continuo ad avvertire un fastidioso senso di diffidenza sull'utilità di queste indagini e di questi processi. Qualcuno li ritiene addirittura «vecchi arnesi», utilizzati da magistrati complottisti che si innamorano di tesi fantasiose e precostituite. Persino qualche collega mi guarda come se fossi un magistrato in cerca di guai, uno che non rispetta il tacito, antico patto per cui i panni sporchi si lavano in famiglia. In troppi pensano che non si debba affondare il bisturi nello stesso tessuto politico-istituzionale in cui si muove la magistratura. E molti esponenti delle forze di polizia, dal canto loro, sembrano aver recepito perfettamente quel monito politico: tendono a concentrare le loro migliori risorse umane e tecnologiche sui pesci piccoli dell'organizzazione, quelli che è più facile arrestare e processare senza creare troppi fastidi alla rete delle complicità.

L'occasione di un processo

Ho deciso che è venuto il momento di raccontare la mia esperienza di questi anni. Fatta di indagini, processi, sentenze, ma anche di sensazioni che fino a ora ho tenuto solo per me. Con le mie riflessioni, vorrei rompere il muro di colpevole disattenzione sul tema delle collusioni fra Cosa nostra e i poteri che contano nella società. Vorrei soprattutto aprire un dibattito nel Paese sui rapporti che la mafia continua ad avere con la politica, le istituzioni e il mondo dell'economia e della finanza. Sperando che se ne traggano le dovute conseguenze, per prevenire ed evitare che tali rapporti si perpetuino all'infinito.

Credo che un'occasione di dibattito, vero e costruttivo, possa venire proprio dal processo sulla trattativa Stato-mafia. Sia chiaro, a scanso di equivoci e strumentalizzazioni che già vedo all'orizzonte: le eventuali responsabilità penali saranno valutate in un'aula di Giustizia, nell'ambito del giudizio in corso davanti alla Corte d'assise di Palermo. Io vorrei si parlasse di altro nel dibattito pubblico che queste mie riflessioni provano a sollecitare: vorrei ci si interrogasse sul nodo mafia-potere. Perché la lotta alla mafia – come ci hanno insegnato Giovanni Falcone e Paolo Borsellino – non la fanno solo i magistrati, ma tutti i cittadini, nel loro impegno di ogni giorno. Impegno culturale, sociale, religioso, politico in senso alto. Ritengo allora che sia venuto il momento di interrogarsi su cosa è veramente stato, ed è ancora, il fenomeno mafioso nel nostro Paese.

La drammatica consapevolezza che ho maturato, durante il mio impegno a Caltanissetta e a Palermo, è che per sconfiggere Cosa nostra una volta per tutte dobbiamo guardare anche dentro lo Stato. Perché l'organizzazione mafiosa ha continuato a trattare, a tanti livelli, con uomini e pezzi delle istituzioni. Politici in cerca di voti, amministratori collusi, esponenti delle forze dell'ordine e dei servizi di sicurezza. Coltivando questi e altri rapporti, Cosa nostra ha superato l'isolamento in cui arresti e processi tentavano di ridurla. Ed è stata riconosciuta come entità presente e ben ancorata nella nostra società. Ecco perché voglio ribadire una mia considerazione, credo ce ne sia bisogno in questo momento storico: con la mafia non si tratta, in nessun momento e per nessuna circostanza o contingenza. Non ci sono trattative cattive e trattative buone, magari ispirate dalla ragion di Stato o giustificate dalla necessità di scongiurare chissà quale pericolo. Non si tratta. Non è solo un'affermazione di principio legata a un passato ormai lontano: anche negli ultimi anni Cosa nostra è tornata a cercare il dialogo con le istituzioni, pretendendo il riconoscimento della propria presenza. Nonostante i colpi inferti all'ala militare dell'organizzazione, i mafiosi provano ancora a infiltrarsi negli enti locali, per tentare di accaparrarsi la gestione dei soldi pubblici. Cercano di influire sulle scelte della politica, a più livelli. Tentano di garantirsi l'impunità tramite contatti con esponenti delle istituzioni.

Allora, per sconfiggere la mafia che vuole continuare a ritagliarsi un ruolo nelle istituzioni, nel potere, lo Stato deve avere la forza di guardare per davvero dentro se stesso. Ha le energie e le capacità per farlo, per togliere a Cosa nostra la linfa vitale dell'arroganza che le deriva dalla possibilità del ricatto. Se non lo capiamo, limitandoci alla repressione della sua componente militare, saremo in eterno condannati a vivere sotto il giogo della mafia e dei suoi opprimenti metodi di potere. Per sconfiggere davvero Cosa nostra è necessario reciderne i rapporti esterni che ne alimentano la potenza. Prima ancora che un programma di lavoro, dovrebbe essere una svolta culturale. Ecco perché scrivo.

Anomalie nel sistema

Qualcuno, limitandosi a una visione superficiale degli eventi, potrebbe obiettare che Cosa nostra negli anni della sua massima potenza militare non ha affatto trattato con lo Stato; anzi lo ha attaccato frontalmente, con omicidi e stragi che hanno colpito i suoi uomini migliori. In realtà la storia è più complessa.

Per un momento, torniamo a scorrere una a una le vicende dei tanti valorosi uomini delle istituzioni uccisi dai sicari mafiosi: scopriremo che ognuno di loro rappresentava una pericolosa anomalia all'interno dell'ambiente in cui operava, ognuno di loro poteva spezzare – o aveva già spezzato – sottili equilibri di tacita convivenza fra la mafia e le istituzioni. Gli omicidi eccellenti e le bombe rappresentavano dunque una rabbiosa reazione nei confronti di chi ostacolava quella convivenza e quel dialogo. Una reazione contro singoli eroici uomini dello Stato, non contro lo Stato in quanto tale. Cosa nostra non è mai stata pregiudizialmente e a ogni costo contro le istituzioni. Torniamo allora a domandarci: chi erano, cosa facevano, e cosa rappresentavano le vittime di quei delitti eccellenti? Chiediamocelo per non dimenticarli, per riscoprire la loro preziosa memoria, e per tentare di comprendere le ragioni più profonde della loro morte.

Erano esponenti politici come il presidente della Regione Sicilia Piersanti Mattarella, che voleva mettere in discussione i collaudati meccanismi di spartizione politico-mafiosa degli appalti. Erano magistrati come il procuratore Gaetano Costa e il consigliere istruttore Rocco Chinnici, che per primi considerarono prioritaria la repressione del fenomeno mafioso e delle sue complicità, mentre altri colleghi si mostravano distratti, disinteressati quando non anche collusi. Le vittime dei delitti eccellenti erano altri funzionari dello Stato, come il prefetto Carlo Alberto dalla Chiesa, che venne scaraventato nella rovente Palermo del 1982 e fu subito individuato come pericoloso eversore di un sistema di convivenza che coinvolgeva ampi settori della politica, legati soprattutto alla corrente andreottiana in Sicilia. E ancora, erano poliziotti come Ninni Cassarà e Beppe Montana, che si trovarono a condurre indagini delicatissime in un contesto in cui altri poliziotti colludevano con esponenti mafiosi. Anche loro costituivano una pericolosa anomalia, in un vero e proprio sistema avallato da tanti poliziotti anche di grado elevato. Per paura, per convenienza economica, per quieto vivere o brama di potere. Tanti degli omicidi avvenuti a Palermo, in fondo, hanno avuto un unico comune denominatore: la rimozione chirurgica di quelle anomalie che rischiavano di mettere in discussione l'operatività di un sistema.

Poi in un periodo successivo, che matura già negli ultimi mesi del 1991, Cosa nostra abbandona la via dell'intervento chirurgico abbracciandone un'altra. Anche questa è storia, ormai consacrata da più sentenze definitive sulle stragi del 1992-1993, e dovrebbe essere dunque patrimonio acquisito alla riflessione comune. Non è così. Le ricostruzioni dei giudici vengono sistematicamente ignorate o dimenticate. Da tutti, in primo luogo da tanti politici che sostengono la lotta alla mafia solo a parole.

In quei tragici anni, Cosa nostra ha cambiato strategia quando si è resa conto dell'inaffidabilità dei suoi riferimenti politici più alti. E ha scelto di scatenare una campagna del terrore, seguendo una vera e propria strategia della tensione, finalizzata a rompere definitivamente quei rapporti con un establishment politico che non era stato in grado di garantire il rispetto dei patti. Uno fra tutti, il più atteso, quello sull'esito positivo del maxiprocesso. Allo stesso tempo, le teste pensanti di Cosa nostra hanno immaginato che la strategia delle bombe potesse servire a porre le basi per un nuovo accordo di potere, con scenari politici diversi e più accattivanti. Ancora una volta, la mafia cercava lo Stato. E faceva politica a suon di esplosioni, frutto di una lucida e spietata programmazione. Come emerge in modo sempre più chiaro dalle nostre indagini, quella svolta venne incoraggiata – e con tutta probabilità persino ispirata – da ambienti esterni a Cosa nostra, in funzione di interessi politici e di potere.

2
Come avviene il dialogo fra mafia e politica?

«I facinorosi della classe media»

Nella ricerca ossessiva della convivenza con il potere, i mafiosi hanno un pallino: instaurare rapporti con esponenti politici a livello nazionale, regionale e comunale. Non è la tesi di oggi della Procura di Palermo: lo affermava già un grande intellettuale, Gaetano Mosca, in una bellissima relazione tenuta a un convegno organizzato nel 1900 a Milano, dal titolo «Che cosa è la mafia».

> Fino al 1860 i signori siciliani, i nobili, non disdegnavano di intercedere presso le autorità affinché fossero risparmiati i rigori polizieschi ai facinorosi che abitavano presso le proprie abitazioni rurali. In cambio di questa garanzia morale che il signore prestava a questi facinorosi egli veniva sempre rispettato e la cosca del luogo impediva che altri lo offendesse.[1]

Questo scriveva Mosca, docente universitario di ispirazione conservatrice, un intellettuale liberale che tanti anni dopo diventò uno dei più fieri oppositori del regime fascista. Con specifico riferimento al rapporto con la politica, sottolineava:

[1] G. Mosca, *Che cosa è la mafia*, Laterza, Roma-Bari 2002.

> Quando in Sicilia venne introdotto il regime rappresentativo, le cosche mafiose compresero subito il gran partito che potevano trarre dalla loro partecipazione alle elezioni politiche e amministrative. Questa partecipazione diventò più efficace e attiva dopo le leggi che allargarono il suffragio e che diedero il diritto di voto agli stessi membri delle cosche e alle classi nelle quali queste potevano avere più influenza e godere di maggiore prestigio.[2]

Mosca sembra anticipare i problemi legati alla ricerca del consenso elettorale, che anche oggi sono oggetto di acceso dibattito sul voto di scambio politico-mafioso e sulla necessità – ancora evidentemente non condivisa a pieno dal nostro legislatore – di punire in maniera più efficace e seria questo fenomeno così grave. Di sicuro, Mosca storicizza con lucidità l'innata vocazione dell'organizzazione mafiosa a cercare contatti nei palazzi che contano. La sua analisi, oltretutto, non era isolata.

Solo pochi anni dopo l'Unità d'Italia, nel 1877, un altro intellettuale, Leopoldo Franchetti, notabile toscano della destra liberale, aveva pubblicato un'inchiesta sulla mafia in Sicilia che mi sembra conservare un'attualità davvero sconcertante.[3] Denunciava come i più importanti capimafia fossero colletti bianchi, li definiva «i facinorosi della classe media»: esponenti del corpo dirigenziale che utilizzavano il metodo mafioso come strumento di lotta politica, per mantenere uno *status quo* fondato sui privilegi di pochi ai danni di tanti.

Di questa ricostruzione, mi ha sempre colpito la chia-

[2] *Ibid.*
[3] L. Franchetti, *La Sicilia nel 1876. Le condizioni politiche e amministrative*, Edizioni Storia e studi sociali, Milano 2013.

rezza con la quale l'intellettuale delineò un concetto chiave, purtroppo ancora drammaticamente attuale: la delega della somministrazione concreta della violenza ai mafiosi «con la coppola storta», ovvero ai manovali, coloro che noi definiamo oggi gli appartenenti all'ala militare dell'organizzazione; in cambio dei loro servigi, ottenevano «protezione e libertà di predazione sul territorio». Franchetti fu tra i primi ad accorgersi che il fenomeno della mafia in Sicilia era assai complesso: chi concretamente poneva in essere atti violenti veniva ispirato e coordinato da mafiosi che frequentavano i palazzi del potere e dell'aristocrazia. I facinorosi della classe media, appunto. Quei colletti bianchi che ancora oggi, per non sporcare di sangue le proprie mani, delegano ad altri l'esercizio della violenza e dell'intimidazione, le basi su cui fondano il proprio potere.

Un tema sempre attuale

Per Cosa nostra, il rapporto con la politica è da sempre fondamentale. Ma questo è un argomento che per troppo tempo non si è voluto presentare con il dovuto approfondimento all'attenzione dell'opinione pubblica; anche per colpa di una stampa timida e condizionata dal potere politico, oltre che di una società civile spesso superficiale e distratta. Soprattutto, non è un tema del passato come qualcuno si ostina a far credere, additando in assoluta malafede chi cerca di individuarne e sviscerarne i segni nel tessuto sociale di oggi, quasi fosse un reduce del Vietnam ancora a caccia di fantomatici nemici.

Penso con amarezza, ad esempio, alla rappresentazione che più comunemente viene data dell'esito del processo Andreotti: troppo spesso, si trasmette il messaggio di una sentenza che avrebbe sconfessato l'impianto accusatorio della Procura della Repubblica di Palermo e scagionato l'imputato eccellente dalle accuse di essere stato un punto di riferimento dei mafiosi, prima e dopo gli anni Ottanta. Non è così. Nella sentenza definitiva viene distinto un periodo, fino ai primi anni Ottanta, per il quale sono state ritenute esistenti, fondate e significative le prove della collusione di Andreotti con Cosa nostra, ma il reato è stato dichiarato estinto per prescrizione, perché troppo tempo è trascorso da quei fatti.

Così ha scritto la Corte d'appello di Palermo nella sentenza del 2 maggio 2003, poi confermata dalla Cassazione:

> I fatti che la Corte ha ritenuto provati dicono comunque che il senatore Andreotti ha avuto piena consapevolezza che i suoi sodali siciliani intrattenevano amichevoli rapporti con alcuni famosi boss mafiosi. Ha quindi a sua volta coltivato amichevoli relazioni con gli stessi boss, ha palesato agli stessi una disponibilità non meramente fittizia [...] ha a loro chiesto favori, li ha incontrati, ha interagito con essi [...] ha indotto i medesimi a fidarsi di lui, e a parlargli anche di fatti gravissimi come l'assassinio del presidente della Regione Mattarella, nella sicura consapevolezza di non essere denunciati. Ha omesso di denunciare le loro responsabilità, in particolare in relazione all'omicidio del presidente Mattarella, malgrado potesse al riguardo offrire utilissimi elementi di conoscenza.

Parole nette, giudizi inequivocabili; viene delineato un quadro grave e inquietante. Eppure, dopo quella sentenza è stata avviata una campagna di vera e propria beatificazione per Giulio Andreotti, che si è sviluppata anche attraverso la parallela e contestuale campagna di criminalizzazione della Procura di Palermo, rea di aver osato mettere sotto processo per associazione mafiosa un politico che era stato per sette volte presidente del Consiglio. La verità è che gli esiti di quel processo sono stati tutt'altro che liberatori per l'imputato, e l'intera vicenda resta emblematica di come si articolano i rapporti di dialogo fra la mafia e i più alti vertici delle istituzioni politiche.

Anche per le nostre indagini sulla trattativa il caso di cui parliamo costituisce uno snodo importante; ecco perché volevamo interrogare Giulio Andreotti. Susanna Lima – la figlia dell'onorevole Salvo Lima, l'eurodeputato democristiano ucciso il 12 marzo 1992 – ci aveva raccontato di un suo colloquio con il senatore, avvenuto a Roma subito dopo la morte del padre, assassinato dai mafiosi che lo accusavano di non aver fatto abbastanza per impedire le condanne in Cassazione del maxiprocesso, emesse il 30 gennaio di quell'anno. Prima ancora di accoglierla nel suo studio, Andreotti aveva fatto subito un riferimento criptico al retroscena dell'omicidio; le aveva infatti detto: «Non è che per caso c'entra Ciancimino?». Volevamo capire il perché di quelle parole, e approfondire il loro inevitabile nesso con l'importante ruolo di tramite che Vito Ciancimino assunse nella trattativa fra la mafia e lo Stato, avviata proprio in quello scorcio di inizio 1992. Inviammo allora una citazione al senatore tramite gli ufficiali della Dia di Palermo. In risposta, però, ricevemmo un certificato medico – il primo di una lunga serie – che attestava l'incapacità del testimone a poter bene intendere le domande e quindi a rendere dichiarazioni. Qualche mese dopo, apprendemmo la notizia della morte di Andreotti.

Ci è rimasto un foglio di appunti con tante domande, che non potremo mai più rivolgere a un testimone così importante della storia d'Italia. Davvero una grande occasione mancata. Perché, andando avanti con le indagini su quel periodo che segnò la svolta stragista dell'organizzazione mafiosa, il ruolo di Andreotti risulta sempre più centrale: costituiva quel riferimento politico che nella mente dei vertici di Cosa nostra a un certo punto aveva tradito, o comunque non aveva più garantito ciò che era stato promesso, soprattutto in relazione all'«aggiustamento» del maxiprocesso in Cassazione. E più collaboratori di giustizia hanno riferito che, fra la fine del 1991 e gli inizi del 1992, l'intento di vendetta nei confronti del senatore Andreotti si era concretizzato in un vero e proprio ordine di morte per lui e per il figlio.

Ma non sono stati solo i pentiti a dipingere questo quadro inquietante. Negli archivi del ministero dell'Interno e dei servizi segreti abbiamo trovato altri puntuali e concreti riferimenti: nei primi mesi del 1992, era patrimonio comune delle istituzioni deputate alla sicurezza dello Stato che Andreotti fosse nel mirino della mafia. Questo abbiamo letto in alcune segnalazioni che dovevano rimanere riservate, inviate alle prefetture e ai comandi di polizia e carabinieri: il ministro dell'Interno Vincenzo Scotti e il capo della polizia Vincenzo Parisi segnalarono ripetutamente il rischio di attentati da parte della mafia, nei confronti del presidente del Consiglio Andreotti e di altri esponenti politici e di governo. Già allora qualcuno aveva capito; oppure, era a conoscenza dei progetti di attacco allo Stato e ai suoi esponenti politici di più alto livello che Riina e i suoi avevano maturato, organizzato e iniziato a realizzare proprio con l'omicidio dell'onorevole Lima. Di sicuro, già allora il ministro Scotti aveva pubblicamente affermato –

perfino in sede parlamentare, davanti alla Commissione affari costituzionali e a quella antimafia – che l'omicidio Lima poteva essere il primo di una serie di delitti eccellenti contro esponenti politici e di governo. Scotti denunciò che la mafia voleva organizzare simili attentati per destabilizzare il quadro politico.

Purtroppo, quel grido di allarme non venne raccolto. Il presidente del Consiglio Andreotti lo definì in modo sprezzante una «patacca», e alla fine di giugno del 1992, nel nuovo governo presieduto da Giuliano Amato, Vincenzo Scotti venne sostituito con Nicola Mancino.

I fatti che si susseguirono fra il 1992 e il 1993 dimostrano che l'allarme di Scotti era stato tristemente premonitore, e non meritava certo di essere ignorato in maniera così superficiale e disinvolta. Non meritava soprattutto di essere bollato come strumentale al perseguimento di personali interessi di potere. Invece dissero pure questo, in quei mesi.

Rapporti ad alto rischio

Una cosa è certa: l'accettazione di un rapporto con la mafia pone il politico in una condizione tremenda, di massimo rischio. Anche questo ci dice la vicenda Andreotti. La delusione delle aspettative di Cosa nostra – soprattutto su questioni di grande interesse – o il mancato adempimento delle promesse fatte dal politico portano, senza possibilità d'errore, alla violenta reazione mafiosa. A questo proposito una frase mi sembra significativa, emblematica del sentire mafioso, il sentire della bestia rabbiosa per il tradimento subito. È quella che Giovanni Brusca pronunciò nei primi giorni della sua collaborazione con la giustizia, in un afosissimo agosto romano del 1996, nel carcere di Rebibbia: «Riina disse che ci dovevamo pulire i piedi». Così veniva spiegata la strategia di attentati studiata per colpire alcuni politici, accusati di non avere mantenuto quanto garantito. Brusca fece i nomi di Giulio Andreotti, Calogero Mannino e altri. Quella frase – «Ci dobbiamo pulire i piedi» – assumeva un significato inequivocabile: bisognava liberarsi di chi prima aveva assicurato qualcosa, e poi non aveva saputo o potuto mantenere le promesse. Per l'organizzazione mafiosa, quelli erano potenti ormai diventati «inutili», costituivano un intralcio dal quale liberarsi immediatamente e nella maniera più violenta, per far capire che Cosa nostra, anche in futuro, non avrebbe più accettato di farsi strumentalizzare o ingannare dalla politica.

Nel rapporto fra mafioso e politico l'epilogo violento è qualcosa di quasi ineluttabile. Ciò dovrebbe convincere ogni candidato intenzionato ad accettare l'appoggio elettorale dell'organizzazione mafiosa che quella davanti a lui è una strada senza ritorno. Prima o poi, determinerà comunque conseguenze tremende nei suoi confronti: inchieste e processi o, peggio, vendette e ritorsioni personali. Eppure, ancora oggi ci sono politici che decidono di correre questo rischio insensato. Negli ultimi dieci anni, ci siamo imbattuti in diversi candidati alle consultazioni elettorali che hanno accettato, e anzi hanno cercato di loro iniziativa, il consenso e il sostegno di Cosa nostra. Personaggi ubriacati dalla possibilità di acquisire potere attraverso la forza elettorale mafiosa. Sono rimasti assolutamente indifferenti tanto alla gravità della loro condotta, che inquina un meccanismo fondamentale della nostra democrazia, quanto al rischio al quale andavano incontro. Collusi, disonesti e anche incoscienti.

Sono significative, in questo senso, le parole di Salvatore Riina intercettate nel carcere milanese di Opera, durante l'ora d'aria. L'8 novembre 2013, il capo di Cosa nostra raccontava al suo compagno di socialità, il mafioso pugliese Alberto Lorusso, di quando, alla fine del 1991, un suo emissario aveva parlato con Salvo Lima tornando a chiedergli di attivarsi per l'aggiustamento in Cassazione del maxiprocesso. L'emissario avrebbe incontrato il politico siciliano, e poi avrebbe fatto sapere che in quel momento Lima aveva difficoltà ad andare a parlare con Andreotti: paventava addirittura il rischio di essere messo alla porta dall'allora presidente del Consiglio dei ministri, che non voleva più sentire parlare delle esigenze e delle richieste dei mafiosi. Ecco come Riina commenta la cosa: «Invece... Invece, io posso dire, parlando con voi: questo Lima disse che lui non poteva più andare a Roma a parlare con Andreotti, gli ha detto a quella persona che gli parlò, perché... *L'avissi assicutatu*, ci dissi, andando a Roma». Ovvero: Andreotti l'avrebbe inseguito, l'avrebbe cacciato. Lorusso ascolta, annuisce. Riina prosegue: «Eh? Come? Dice, ma come, prima quando gli portavo trecentoquarantamila voti a Lima, ad Andreotti... A chi li portavo questi voti? Dice... ad Andreotti... Minchia, perché adesso dice che non ci deve... che non ci deve andare?». La Dia così descrive il movimento fatto da Riina, ripreso da una telecamera nascosta: «Sfila la mano sinistra dal cappotto e fa segno come per indicare che anche Lima allora è sotto tiro».

Poi, il padrino prosegue: «Dice, così mi ha detto, che non ci deve andare più... Uh... Non ne parliamo più, dato che non ci deve andare più...». E insiste con un altro gesto; gli investigatori della Dia annotano: «Ancora una volta sfila dal cappotto la mano destra e ruotando il dito indice e medio fa il segno che nella gestualità siciliana indica una condanna a morte». Sono parole e movimenti, adesso agli atti dei processi di Palermo e Caltanissetta, che più di qualsiasi commento rendono la crudezza e la brutalità della reazione del mafioso tradito, del boss che matura rabbiosamente la consapevolezza di essere stato usato dal potere istituzionale. Un tempo aveva garantito al politico di riferimento un consenso elettorale importante, decisivo, e proprio per questo non poteva sopportare di essere messo alla porta, una volta divenuto interlocutore scomodo.

Patto di scambio

Ma perché tanti politici continuano ad assumersi questi rischi? Sono soltanto superficiali e spregiudicati? Non credo. Evidentemente, nella loro valutazione, ritengono di ricavare vantaggi inestimabili dal rapporto con il mafioso. Vantaggi elettorali, ma non solo: spesso sono anche di tipo economico o imprenditoriale. Perché la politica è motore di denaro pubblico, di affari, di investimenti. E poter controllare anche solo una parte di quel meccanismo costituisce una facile via di accesso all'illecito arricchimento personale. L'aveva compreso con grande lucidità Bernardo Provenzano, il compagno di sempre di Riina, che infatti dopo le stragi del 1992-1993 ha imposto all'organizzazione un profilo più basso rispetto alla possibilità di attacco frontale allo Stato, e ha inaugurato una nuova fase nei rapporti fra mafia e istituzioni.

Provenzano, contando anche sull'aiuto di illuminati strateghi criminali, ha mirato a portare il rapporto fra Cosa nostra e la politica al massimo delle sue potenzialità. Potenzialità che, ormai da anni, ruotano tutte attorno agli ingenti stanziamenti pubblici, destinati ad esempio all'edificazione di grandi opere in Sicilia. Così, a un certo punto delle indagini, mi sono ritrovato davanti a mafiosi che sembravano aver condotto una seria e approfondita analisi di costi, rischi e benefici, dopo la quale avevano deciso di cambiare radicalmente il loro rapporto con le istituzioni.

Questo è il quadro inquietante emerso dalle intercettazioni ambientali effettuate nel salotto buono dell'abitazione del capomafia di Brancaccio, Giuseppe Guttadauro, esponente tipico della borghesia mafiosa nonché medico chirurgo già aiutoprimario dell'Ospedale Civico di Palermo. Al mattino, il boss era solito colloquiare di vicende di ordinaria amministrazione mafiosa con i suoi sottoposti, tutti affiliati della cosca: lo ascoltavamo discutere di estorsioni, di «messe a posto» per appalti piccoli e grandi; lo sentivamo veicolare il contenuto di pizzini. Ma in quel salotto, all'interno di un elegante condominio della città bene, si rievocavano anche vecchie vicende di mafia, e il medico padrino – esponente di una dinastia criminale davvero blasonata – esprimeva una vera e propria passione per Cosa nostra. Guttadauro era orgoglioso di essere un uomo d'onore. Alla sera, poi, interagiva con mafiosi di pari livello sociale e culturale, come Salvatore Aragona, anche lui dottore. Oppure, discuteva amabilmente con professionisti della Palermo che conta: medici, avvocati, funzionari pubblici, brillanti e rampanti manager della sanità privata. Il più assiduo era Domenico Miceli, stimato chirurgo oncologo.

In quei mesi del 2001, l'argomento ricorrente delle conversazioni era la campagna per le regionali, le prime nelle quali il presidente della Sicilia sarebbe stato eletto direttamente dal popolo. Guttadauro e i suoi ospiti discutevano della formazione delle liste, ma anche di come condizionare le scelte per le nomine dei manager pubblici nelle strutture sanitarie. Auspicavano inoltre l'approvazione, da parte del consiglio comunale, di strumenti urbanistici che consentissero a Palermo l'insediamento di imponenti centri commerciali. Ascoltando quei dialoghi mi sono reso conto della rinnovata capacità strategica dell'organizzazione mafiosa, che di colpo sembrava aver superato senza problemi la reazione decisa dello Stato dopo le stragi del 1992. Da quella fase non erano trascorsi neanche dieci anni. Allora la presa di posizione delle istituzioni era stata finalmente dura e incisiva, ma Cosa nostra era sempre lì, a elaborare le sue strategie per ampliare il proprio spazio di gestione del potere.

Ricordo, tra molte altre, una conversazione registrata il 14 aprile 2001 fra Guttadauro e Aragona: discutevano della necessità di ottenere, tramite l'intermediazione politica del candidato presidente Salvatore Cuffaro, la nomina di un funzionario di loro stretta fiducia a responsabile dell'ufficio della Regione a Bruxelles. I due mafiosi manifestavano in modo palese il loro scopo: avere in futuro un canale privilegiato di preventiva e tempestiva informazione, che li aggiornasse sulle iniziative in cantiere presso gli organismi europei, con particolare riferimento al territorio siciliano. Era loro chiaro che, per poter intercettare una parte consistente del flusso di denaro proveniente dall'Europa, era necessario avere per tempo e in anticipo rispetto a ogni altro le notizie giuste, al fine di predisporre progetti adeguati e creare *ad hoc* imprese o associazioni che potessero beneficiare degli stanziamenti.

Mi colpirono molto quelle conversazioni, anche per alcuni aspetti solo in apparenza marginali. Gli interlocutori alternavano il dialetto siciliano a un italiano colto e raffinato; il ricordo di vecchi omicidi alla discussione sui futuri investimenti economici. Quei dialoghi rappresentavano il compendio della volontà di legalizzazione della mafia e dell'economia mafiosa che ha caratterizzato gli ultimi quindici anni della vita di Cosa nostra. Ma, allo stesso tempo, incarnavano l'orgoglio di una tradizione mai ripudiata.

Quando il vertice dell'organizzazione mafiosa si pone il problema – come facevano allora Guttadauro e Aragona – di intercettare al meglio un flusso di denaro pubblico, il fine è quello di nascondere le attività illecite con altre apparentemente lecite. E mascherare dunque i soldi sporchi grazie a quelli puliti. Il percorso è presto definito: si immette il denaro frutto del sangue, della droga e delle estorsioni nell'alveo di un fiume più grande e perciò incontrollabile, nel quale coesistono guadagni illeciti, denaro pubblico e patrimoni che derivano da profitti di impresa. Si ottiene così la legalizzazione dell'economia mafiosa. Un sistema di riciclaggio che troppo spesso finisce per essere accettato da molti, nel nome degli effetti positivi della circolazione del denaro o della creazione di nuove opportunità di lavoro. Tutti elementi che fanno crescere il consenso sociale intorno alla mafia. Ivi compreso il consenso di certa politica, che cerca di arraffare tutti insieme stanziamenti pubblici, soldi puliti e soldi sporchi.

Cambio di strategia

Le intercettazioni a casa Guttadauro hanno fatto emergere l'articolato groviglio politico, imprenditoriale e mafioso che ha poi portato alla condanna definitiva nei confronti di un esponente apicale della politica siciliana, il governatore più potente della storia della Regione, quel Salvatore Cuffaro eletto nel 2001 e nel 2006. È stato condannato anche un altro politico rampante, già assessore comunale di Palermo: Domenico Miceli, detto Mimmo. Un'ulteriore condanna ha poi colpito l'imprenditore Michele Aiello, che nel 2002 risultava il più importante contribuente siciliano, un vero e proprio re Mida della sanità privata. Questi processi, che ho seguito fin dalle prime battute, hanno fatto emergere uno scenario particolare e per molti versi inedito rispetto ai rapporti fra mafia e politica. Il prodotto di un cambiamento nella tattica mafiosa.

La strategia complessiva è rimasta identica: la creazione di un rapporto alto con la politica. Nel periodo provenzaniano, però, Cosa nostra ha sperimentato un diverso metodo di avvicinamento, di mantenimento e di consolidamento dei rapporti con l'esponente politico. E anche in questa scelta si è concretizzata la volontà di sommersione di cui tanto si è parlato a proposito delle nuove linee direttive adottate da Provenzano. L'ulteriore mutamento tattico è consistito nel cercare in ogni modo di proteggere il politico dall'eventuale emersione del rapporto, dal pericolo insito in un'eccessiva dilatazione della cerchia dei mafiosi a conoscenza della situazione, dal rischio delle sempre più incisive indagini della magistratura e delle forze dell'ordine, sviluppate attraverso le intercettazioni. Il mafioso ha voluto offrire al politico una perfetta schermatura in vista di nuove vantaggiose relazioni. Questa innovazione è stata efficacemente sintetizzata da un collaboratore di giustizia di livello, Antonino Giuffrè, uno stretto fiduciario di Bernardo Provenzano che è appartenuto alla commissione provinciale di Cosa nostra. Il pentito ha spiegato in maniera chiara come, fra la fine degli anni Novanta e l'inizio del decennio successivo, l'organizzazione mafiosa abbia maturato la scelta di instaurare e consolidare i rapporti con i politici ma evitando accuratamente i contatti diretti, se non ove strettamente necessari e inevitabili. Per questo servivano intermediari insospettabili, che sono stati individuati con grande cura e cautela. Tutto ciò ha segnato una linea di discontinuità con quanto era avvenuto più volte in passato.

In quest'ottica, fondamentale per il buon esito dell'operazione è proprio la scelta dell'intermediario, che deve essere in possesso di caratteristiche particolari: la piena affidabilità mafiosa, l'incensuratezza, l'insospettabilità, e soprattutto la possibilità di giustificare in modo plausibile i rapporti con il politico in funzione di pregresse ragioni di conoscenza, di amicizia, colleganza politica o professionale. Così, ad esempio, fra il capomafia Guttadauro e il presidente della Regione Cuffaro l'intermediario era proprio il dottor Miceli, collega sia di Guttadauro sia di Cuffaro. Questo stesso schema dell'«intermediario insospettabile» si è rivelato il filo conduttore di diverse indagini su mafia, politica e imprenditoria.

Ma altre peculiarità sono venute fuori dai processi a Cuffaro, Miceli e Aiello. Vere e proprie novità rispetto agli schemi consolidati dei più antichi rapporti fra mafia e politica. Intanto, l'ossessione del politico colluso a voler rappresentare all'esterno un'immagine di sé diversa da quella reale, in particolare utilizzando strumentalmente un'antimafia di facciata, fatta di dichiarazioni, di facili slogan contro la mafia, di iniziative pubbliche di vario genere finalizzate a precostituire la falsa rappresentazione di un soggetto impegnato contro le cosche. Poi, ancora più importante, il tentativo del potente di circondarsi di persone appartenenti alle forze dell'ordine o ai servizi di sicurezza, oppure di altri politici ritenuti vicini agli ambienti della magistratura e delle forze di polizia. Ciò per potersi riparare dietro l'ampio scudo di quelle amicizie, e magari tentare intanto di ottenere notizie concernenti inchieste in corso nei confronti di se stessi o del proprio gruppo.

Per questo, l'indagine su Guttadauro è diventata presto un'indagine sulle talpe presenti nel palazzo di Giustizia di Palermo. E si è arrivati dunque a un altro processo, che non ha ripercorso una storia banale di carabinieri e finanzieri corrotti o in cerca di benefici personali e familiari. Sono stati smascherati uomini delle istituzioni che passavano notizie all'allora presidente Cuffaro o all'imprenditore Michele Aiello; una vera e propria rete relazionale abilmente creata da un politico importante e da un imprenditore mafioso di spicco, con un obiettivo preciso e da raggiungere a ogni costo: proteggere se stessi e il loro ambiente politico-imprenditoriale di riferimento dalle indagini di polizia e magistratura.

Ricorderò sempre il dubbio che mi assalì quando lessi, nel 2001, dell'imponente risultato elettorale conseguito alle elezioni regionali da chi si stava dimostrando uno dei perni fondamentali della rete relazionale costituita da Cuffaro e Aiello per garantirsi dalle inchieste. Mi riferisco all'ex maresciallo dei carabinieri Antonio Borzacchelli, fino ad allora anima di molte indagini sulle pubbliche amministrazioni siciliane e sui loro rapporti con le cosche: venne eletto deputato dell'assemblea regionale siciliana in un territorio come quello di Bagheria e Villabate, dove tradizionalmente la cultura mafiosa dilagante avrebbe impedito che il consenso elettorale potesse orientarsi verso uno *sbirro* o un ex *sbirro*. E invece un candidato così particolare aveva fatto registrare un vero e proprio exploit. Dalle indagini, poi, emerse in modo chiaro come anche le famiglie mafiose del territorio avessero appoggiato la candidatura del maresciallo, proprio perché lo ritenevano inserito in quel circuito che ruotava attorno a Cuffaro e Aiello. Anche lo sbirro dunque, quando è utile e necessario, può essere sostenuto dalla mafia: il fine ultimo giustifica uno strappo all'ortodossia delle regole.

3
Quale patto di scambio unisce boss e imprenditori?

La mafia legalizzata

Per reinvestire i proventi delle sue attività, Cosa nostra continua ad aver bisogno del rapporto non solo con la politica ma anche con l'imprenditoria. È storia antica, fatta di altri patti di scambio e altri reciproci vantaggi.

Una vicenda emblematica nella sua evidente gravità è quella che ha visto coinvolto l'ex senatore Marcello Dell'Utri, che sta scontando una condanna definitiva a sette anni di reclusione per concorso esterno in associazione mafiosa: la sua storia è strettamente legata all'ascesa imprenditoriale di Silvio Berlusconi e alla triangolazione dei loro rapporti con esponenti di Cosa nostra. Anche in questo caso, insistenti campagne giornalistiche hanno accusato la Procura di Palermo di aver costruito un processo politico. La sentenza della Corte di cassazione, emessa il 9 maggio 2014, dimostra l'esatto contrario e riafferma il valore e la serietà dell'operato del mio ufficio. Purtroppo, però, come è accaduto per la sentenza Andreotti, un documento così importante viene sistematicamente dimenticato dai grandi organi di stampa e da molta parte dell'establishment politico, che pure da quel provvedimento dovrebbe trarre diversi e importanti spunti di riflessione. Ma per tante, troppe persone – alcune al momento ai vertici di istituzioni politiche – è meglio tacere. Anzi, ignorare o fingere di ignorare ciò che quella sentenza definitiva sancisce, e che mi pare invece doveroso ricordare e sottolineare nella sua enorme gravità storica e politica.

I giudici affermano che certamente, a partire dal 1974 e fino al 1992, è stato concluso e rispettato un patto tra l'allora imprenditore Silvio Berlusconi e gli organismi di vertice delle famiglie palermitane di Cosa nostra. Prima con Stefano Bontate e Girolamo Teresi; poi, con il sopravvento dei corleonesi di Riina, attraverso diversi intermediari mafiosi. Di questo patto Dell'Utri è stato il mediatore iniziale e colui che nel tempo ne ha garantito il funzionamento e il puntuale rispetto. Ancor più lapidarie, le affermazioni della sentenza che riguardano Silvio Berlusconi, oggi diventato un esponente politico di grande rilievo. Scrive la Cassazione:

> Grazie all'opera di intermediazione svolta da Dell'Utri veniva raggiunto un accordo che prevedeva la corresponsione da parte di Silvio Berlusconi di rilevanti somme di denaro in cambio della protezione a lui accordata da parte di Cosa nostra palermitana. Tale accordo era fonte di reciproco vantaggio per le parti, che a esso avevano aderito grazie all'impegno profuso da Dell'Utri: per Silvio Berlusconi esso consisteva nella protezione complessiva sia sul versante personale che su quello economico; per la consorteria mafiosa si traduceva invece nel conseguimento di rilevanti profitti di natura patrimoniale. Tale patto non era stato preceduto da azioni intimidatorie di Cosa nostra palermitana in danno di Silvio Berlusconi e costituiva piuttosto l'espressione di una certa espressa propensione a monetizzare per quanto possibile il rischio cui era esposto.

Il momento fondativo del patto viene individuato dai giudici nel 1974, quando in un elegante palazzo nel centro di Milano si tenne una riunione. Per parte mafiosa parteciparono Stefano Bontate e Francesco Di Carlo (questi, diventato in seguito collaboratore di giustizia, è stato il primo a raccontare quell'incontro); dall'altro lato del tavolo sedevano Berlusconi e Dell'Utri.

Ma ciò che colpisce ulteriormente, nella sentenza della Cassazione, è il richiamo a un dato temporale: la perpetuazione quasi ventennale del rapporto di protezione. I giudici precisano:

> La morte di Bontate e Teresi e il sopravvento di Riina e dei corleonesi non aveva mutato gli equilibri che avevano garantito l'accordo del 1974 tra Berlusconi e Cosa nostra grazie all'intermediazione di Dell'Utri, che aveva assicurato da un lato la generale protezione dell'imprenditore, e dall'altro profitti e guadagni illeciti utili al rafforzamento dell'organizzazione mafiosa, che per circa un ventennio aveva mantenuto contatti con il facoltoso imprenditore.

L'unico cambiamento sostanziale, prosegue la sentenza, aveva riguardato:

> [...] l'eliminazione nel corso della guerra di mafia del 1981 di Bontate e Teresi e l'avvento di Totò Riina. Esso però non aveva inciso sulla causa illecita del patto. Berlusconi aveva infatti costantemente manifestato la sua personale propensione a non ricorrere a forme istituzionali di tutela, ma ad avvalersi piuttosto dell'opera di mediazione con Cosa nostra svolta da Dell'Utri. A sua volta Dell'Utri aveva provveduto con continuità a effet-

> tuare per conto di Berlusconi il versamento delle somme concordate a Cosa nostra e non aveva in alcun modo contestato le nuove richieste avanzate da Totò Riina.

Sono parole che pesano come pietre; dovrebbero far riflettere ogni cittadino e orientare le scelte politiche di chi guida il Paese. Si tratta infatti di ricostruzioni analitiche, che fanno emergere tre fatti. Voglio sintetizzarli nella loro cruda oggettività.

Il primo: per quasi un ventennio le casse della mafia palermitana sono state lautamente e costantemente alimentate dall'imprenditore Silvio Berlusconi, proprio mentre quelle famiglie malavitose raggiungevano il culmine della loro potenza criminale, anche a colpi di omicidi eccellenti.

Il secondo: Marcello Dell'Utri, che ha svolto una funzione essenziale di raccordo fra Cosa nostra e Silvio Berlusconi, è stato fra i principali ideatori e organizzatori del partito politico di quest'ultimo, che dal 1994 in poi è protagonista della vita politica del Paese.

Il terzo, forse il più inquietante: la persona – Silvio Berlusconi – che ha stipulato e mantenuto in vita per quasi un ventennio un patto scellerato con l'organizzazione mafiosa più potente al mondo, oggi continua a essere un protagonista assoluto della vita politica italiana e discute con gli altri rappresentanti politici, e persino con il presidente del Consiglio dei ministri, delle questioni più rilevanti, comprese quelle relative alla modifica della nostra Costituzione.

Mi chiedo se tutto ciò non segni una sconfitta degli ideali di quanti continuano a credere che le istituzioni poste a governo della cosa pubblica non possono essere rappresentate da chi – al di là delle eventuali responsabilità penalmente rilevanti – è comunque sceso a patti con la mafia, ha cercato la protezione di Cosa nostra, ha incontrato boss mafiosi e ha contribuito economicamente alle attività criminali delle famiglie sul territorio. D'altra parte anche l'articolo 54 della Costituzione sancisce che «i cittadini cui sono affidate funzioni pubbliche hanno il dovere di adempierle con disciplina e onore». Mi domando con quale onore possa averle esercitate chi ha stipulato patti di protezione con la mafia. E il mio disagio aumenta quando ascolto analisi ottimistiche sul tramonto della potenza mafiosa e sull'attenuazione del pericolo che Cosa nostra inquini le nostre istituzioni.

Paolo Borsellino, poco prima di essere trucidato in via D'Amelio assieme ai poliziotti della sua scorta, intervenne nel dibattito pubblico per riportare l'attenzione sull'annoso problema dei rapporti fra Cosa nostra e la politica. Ribadì con forza che il disvalore del contatto fra il mafioso e il politico non si esaurisce nei soli casi in cui è configurabile e dimostrabile a livello processuale una responsabilità penale; per questo auspicava che, accanto e ancor prima di questa, potesse essere valutata e sanzionata una responsabilità politica, che prescindesse da quanto eventualmente accertato con le sentenze dei giudici.

Oggi, a distanza di tanti anni, possiamo affermare che quella speranza di Paolo Borsellino è caduta nel vuoto; la situazione non è cambiata, ed è anzi peggiorata. Purtroppo nemmeno quanto ricostruito nelle sentenze definitive – mi riferisco alla vicenda Dell'Utri, per le sue implicazioni sul ruolo di Silvio Berlusconi – riesce ad attivare in sede politica meccanismi di responsabilità che portino a isolare e neutralizzare chi con la mafia è sceso a patti.

Nuovi accordi

Sono passati gli anni, sono cambiati i protagonisti, ma il metodo mafioso rimane immutato nella sua essenza più profonda. Soprattutto quando la convergenza di interessi, l'accordo, il compromesso è finalizzato a fare *piccioli*, a gestire affari economicamente molto allettanti.

Un esempio. A metà degli anni Novanta, l'organizzazione mafiosa puntava alla creazione di un centro commerciale polifunzionale a Villabate, comune alle porte di Palermo; per dimensioni e prospettive finanziarie ed economiche doveva essere il secondo in Europa. I mafiosi, come ovvio, colsero al balzo l'iniziativa e la proposta di una grande impresa romana, la Asset development, interessata all'affare ma ostacolata da due ordini di problemi molto concreti. Il primo nel rapporto con gli organi amministrativi di Villabate (giunta e consiglio comunale), perché per parte dell'area individuata era necessario il cambiamento di destinazione d'uso. Il secondo ancor più difficile da risolvere, perché l'area in questione era in quel momento nella disponibilità giuridica di oltre centocinquanta piccoli proprietari, ed era necessario che tutti acconsentissero a vendere il loro lotto di terreno. Bastava il rifiuto di uno solo dei proprietari e l'affare sarebbe andato in fumo. Per questo la grande impresa romana, già protagonista di diverse iniziative del genere in Italia ed Europa, si mosse per tempo: individuò nella famiglia mafiosa del territorio una vera e propria agenzia di servizi, alla quale rivolgersi per affrontare e risolvere le due questioni.

È interessante il dato che emerge dalle indagini e dalle sentenze in merito alla vicenda. Scrivono i giudici del tribunale nella loro sentenza del 19 gennaio 2009:

> Gli architetti palermitani Antonio Borsellino e Rocco Aluzzo [gli intermediari incaricati dall'imprenditore romano dei contatti con i proprietari (*N.d.A.*)] e l'imprenditore Paolo Marussig hanno instaurato una vera e propria relazione interattiva con la famiglia mafiosa di Villabate [...], protratta stabilmente e continuativamente per anni e modulata secondo il paradigma tipico dello scambio reciproco di prestazioni, utilità e benefici. Gli imputati hanno strumentalizzato la forza, il potere e la capacità di Cosa nostra di imporre la sua volontà sul territorio e sull'amministrazione civica locale, per procurarsi la disponibilità delle aree dove avrebbe dovuto sorgere il colossale e prestigioso insediamento commerciale, per assicurarsi il monopolio dell'iniziativa imprenditoriale sul territorio e per calibrare in assoluta conformità agli interessi della predetta società il procedimento della pianificazione urbanistica commerciale.

L'ottica, ci ricorda la sentenza, era quella cruda del patto di scambio. Perché, come ovvio, anche alla famiglia mafiosa sarebbero derivati diffusi e incommensurabili vantaggi, non solo economici: avrebbe partecipato ai lavori di costruzione con ditte da lei nominate e poi, a cantiere ultimato, avrebbe beneficiato dell'assegnazione degli spazi commerciali e dell'assunzione di centinaia di lavoratori indicati dagli uomini d'onore di Villabate. Intuimmo presto il senso e la pericolosità di quel progetto criminale, ma l'indagine ebbe uno sviluppo inaspettato grazie all'entrata in scena di un personaggio particolare: Francesco Campanella, l'ex presidente del consiglio comunale di Villabate.

Nel gennaio del 2005, infatti, notificammo al politico un avviso di garanzia per concorso esterno in associazione mafiosa. Lui in un primo tempo non fece una piega e rimase chiuso nei suoi segreti; poi però un collaboratore di giustizia, Mario Cusimano, lo tirò in ballo più pesantemente, svelando che aveva avuto un ruolo fondamentale nella realizzazione di un falsa carta d'identità utilizzata da Bernardo Provenzano negli ultimi mesi del 2003, per andare a Marsiglia (dove il boss si era sottoposto a una delicata operazione chirurgica alla prostata). Quando Campanella comprese che il quadro indiziario nei suoi confronti si stava aggravando, decise di collaborare. Iniziò un lungo racconto, del tutto inedito come del tutto particolare ne era la fonte.

Di solito, nell'immaginario collettivo, il mafioso e il collaboratore di giustizia sono personaggi rozzi e ignoranti, poco inclini alla vita sociale e alle relazioni con altri ambienti, incapaci di esprimere le proprie «potenzialità» al di là dello stretto ambito mafioso. Ebbene, Campanella rappresentava l'esatto contrario dello stereotipo del criminale. Negli stessi mesi in cui curava i rapporti con il clan di Villabate – e da quei mafiosi riceveva confidenze su omicidi ed estorsioni – il giovane coltivava relazioni di alto livello nel mondo politico e istituzionale. L'11 luglio del 2000 si era sposato e i suoi testimoni di nozze erano stati il presidente della Regione Salvatore Cuffaro e l'onorevole Clemente Mastella, diventato qualche anno dopo il ministro della Giustizia passato alla storia per la riforma dell'ordinamento giudiziario che ancora oggi rischia di limitare l'autonomia e l'indipendenza del pubblico ministero. Di più, Campanella non aveva mai smesso di intrattenere le sue alte relazioni: mentre era organico alla famiglia mafiosa e procurava la carta d'identità a Bernardo Provenzano, trovava il tempo di coltivare rapporti con altri esponenti di rilievo della politica, tanto da essere designato responsabile nazionale dei giovani dell'Udeur. Alla luce di tutto ciò, rappresentava quel mafioso dalla faccia pulita che tanto conta nella nuova strategia delle cosche. E in quel momento ci stava permettendo di entrare dentro i nuovi segreti dell'organizzazione.

Campanella ci indicò nell'architetto Aluzzo l'uomo che, su incarico della Asset, aveva definito i particolari degli accordi relativi al progetto di centro commerciale tra la società romana e i mafiosi di Villabate, rappresentati ai vertici da Antonino Mandalà e dal figlio Nicola. Ordinammo dunque una perquisizione negli studi del professionista. I carabinieri recuperarono dal suo computer un file cancellato, un documento eccezionale a livello probatorio: sanciva infatti in tutti i suoi dettagli i reciproci obblighi delle due parti. Già l'incipit di quell'accordo era significativo: «Condizioni pattuite dalla società acquirente con i signori Borsellino, Mandalà, Notaro e Campanella». Borsellino era un altro architetto che, per avere consapevolmente coadiuvato il collega Aluzzo nella trattativa con i boss, è stato a sua volta condannato per concorso esterno in associazione mafiosa. Antonino e Nicola Mandalà, Nicola Notaro e Francesco Campanella erano invece tutti esponenti di vertice della famiglia mafiosa di Villabate. Non c'erano più dubbi sulla natura di quell'accordo, che costituiva quasi una mappa: un punto di partenza per il nostro ragionamento.

In quel file trovammo l'elenco dettagliato degli impegni assunti dalla società imprenditrice – allora assai quotata nel mondo del potere e dei salotti romani – nei confronti di criminali e assassini: l'affidamento di parte considerevole degli appalti per i lavori di costruzione alle ditte indicate dai mafiosi; l'assunzione, nella misura del venti per cento sul totale necessario, di personale nominato ancora una volta dai mafiosi; la cessione del trenta per cento della galleria dei negozi che si sarebbe realizzata a ditte e commercianti sempre selezionati dal clan locale. Un vero e proprio tesoro, inestimabile per una Cosa nostra attenta, oggi come non mai, ad accrescere il proprio prestigio sociale offrendo ricchezza e posti di lavoro in tempo di crisi profonda.

Per la prima volta, ritrovavamo nelle carte la consacrazione scritta di un patto imprenditoriale mafioso. E per di più per un affare dalla portata economica enorme. Era la conferma di un rapporto di scambio che è stato sempre l'emblema del metodo mafioso, fra passato e presente, fra tradizione e modernità. Cambiano le stagioni, cambiano gli approcci, più o meno raffinati o subdoli, ma gli uomini di Cosa nostra continuano a tessere le loro reti di relazioni, orientate a raggiungere accordi solidi e soprattutto vantaggiosi per entrambe le parti.

Agenzia di servizi

Quel patto fra imprenditori e mafiosi spazza via un altro luogo comune sulla mafia: la Cosa nostra di questo inizio secolo non si presenta più come la sanguisuga dell'imprenditoria; non è più quella mafia il cui obiettivo principale era procurarsi denaro, forniture, guardianie nei cantieri e subappalti attraverso l'estorsione nei confronti degli imprenditori. Dal modello Villabate emerge il prototipo di uno schema inverso rispetto a quello tradizionale. Uno schema in cui è l'imprenditoria, di propria iniziativa, a cercare Cosa nostra: non subisce passivamente la coartazione dei mafiosi, ma anzi ne sfrutta le capacità criminali di gestione del territorio e di condizionamento sulle pubbliche amministrazioni, per volgere quella forza intimidatrice a proprio favore. Il caso della Asset dimostra che lo aveva capito addirittura un imprenditore «continentale»: bisognava utilizzare l'organizzazione mafiosa come una leva, per cercare di trarre rapidamente il massimo beneficio dai propri investimenti in Sicilia.

Così, nella sentenza sulla vicenda di Villabate, il tribunale di Palermo (nella corposa motivazione predisposta dal giudice Fabrizio Anfuso) ha potuto scrivere a proposito degli imprenditori e dei professionisti che affiancavano i mafiosi:

> Sono stati gli imputati i promotori e gli artefici del rapporto sinallagmatico di cointeressenza con la cosca mafiosa. [...] Sono stati loro a determinare l'ingresso e la partecipazione di Cosa nostra in un'operazione che, diversamente, senza la presenza inquinante e distorsiva della mafia, avrebbe rappresentato per la depressa area periurbana ad est della città di Palermo un'importantissima opportunità di sviluppo socio-economico. [...] Il processo costituisce un paradigma assai eloquente e significativo di quel multiforme grumo di relazioni, collusioni, sinergie, cointeressenze, interazioni fra Cosa nostra ed esponenti del mondo delle professioni e dell'imprenditoria, i quali senza alcuna remora o riserva morale e a onta della loro incensuratezza e specchiata reputazione sociale hanno intenzionalmente ricercato, sollecitato, definito, rinnovato, perpetuato senza soluzione di continuità dal 2000 al 2002 un rapporto di scambio di servizi, utilità e favori con Nicola Mandalà prima e Antonino Mandalà poi, nella assoluta consapevolezza del loro spessore criminale e anzi sfruttando la loro qualità di indiscussi reggenti di una delle cosche più potenti dell'intera organizzazione mafiosa [...].

Un quadro agghiacciante ove si consideri che quegli stessi soggetti si presentavano con la faccia pulita di coloro i quali volevano contribuire a sollevare le condizioni economiche della Sicilia, e in realtà cercavano di sfruttare la forza di intimidazione di Cosa nostra.

Dunque i boss non hanno più bisogno di farsi avanti. Vengono cercati, sollecitati, blanditi da chi, riparandosi dietro lo scudo dell'apparenza di imprenditore illuminato e rispettoso delle regole, in realtà agisce come un predatore senza scrupoli. Qualcuno l'ha chiamata «voglia di mafia», un sentimento che purtroppo attraversa la società civile e l'imprenditoria. Perché il mafioso risolve tutto, presto e bene.

A un boss di Palermo, ad esempio, si rivolse l'imprenditore che puntava al monopolio delle forniture di caffè nei bar del centro città: gli propose una percentuale sui nuovi affari conclusi. Era molto di più del pizzo che un tempo pagava allo stesso mafioso. Storia emblematica: troppo spesso, le vittime del ricatto di Cosa nostra diventano complici. Un altro imprenditore sperava addirittura di uscire dalla crisi con i soldi del padrino latitante, proponendo nuovi affari da sviluppare insieme, grazie ai capitali sporchi che sarebbero arrivati.

Le indagini più recenti ci descrivono operatori economici sempre più impegnati a cercare i mafiosi, come se stessero rivolgendosi a un'efficiente agenzia di servizi. Un'agenzia che non costa neanche molto, e quasi sempre risolve i problemi. Almeno sul breve periodo, all'imprenditore appare in fondo la scelta più conveniente. Poi – presto – il mafioso manifesterà la sua vera indole, quella di chi aspira a entrare dentro la compagine societaria. Perché l'abbraccio di Cosa nostra è letale, e non lascia scampo. Eppure, nonostante ciò, ci sono imprenditori che hanno ritenuto comunque conveniente questo abbraccio soffocante.

Attirare con le offerte e legare con le minacce: è il metodo di Cosa nostra, che purtroppo ha ormai fatto scuola fra le altre organizzazioni criminali, da Sud a Nord. Lo aveva intuito già trent'anni fa un giovane capitano della sezione Anticrimine dei carabinieri, Angiolo Pellegrini, poi diventato stretto collaboratore di Chinnici e Falcone. In un rapporto alla magistratura, in cui delineava il monopolio delle forniture agli ospedali palermitani da parte delle società legate a Bernardo Provenzano, scriveva:

> Il mafioso costituisce per le persone con cui viene in contatto un'autorità più importante di quella pubblica, potendo temere dallo stesso, in caso di conflittualità nelle trattative, immediate e irreparabili ritorsioni. Pertanto il mafioso, consolidata la sua autorità non ha più bisogno di ricorrere alla violenza.

Erano gli albori del metodo mafioso, che si manifestava ancora imponendosi con le maniere forti: «E gli imprenditori si sono adeguati alla realtà riconoscendo l'effettività dell'autorità mafiosa» così proseguiva l'analisi di Pellegrini «considerato che senza sottostare alla mafia era loro impossibile proseguire l'attività, hanno preferito e preferiscono patteggiare preventivamente con la malavita organizzata».

All'epoca, all'inizio degli anni Ottanta, in pochi si resero conto che la mafia era già diventata sistema, proprio grazie al consenso che riscuoteva nella società e alla paura che sapeva incutere. Oggi questa consapevolezza è molto più diffusa, ma ancora troppi imprenditori continuano a cercare la mafia. Per farsi proteggere, per portare a termine affari, per creare sempre nuovi canali di reciproca linfa economica.

Il tavolino degli affari

I capimafia degli anni Ottanta sono ormai in carcere, ma il patto di scambio è rimasto lo stesso. A dimostrarlo è la storia di tanti imprenditori che sono finiti in manette perché sorpresi a fare un percorso insieme al boss di turno. La loro difesa è sempre la stessa: «Siamo vittime del ricatto mafioso, non potevamo resistere». Ma non avevano affatto l'atteggiamento di vittime quando facevano affari con la criminalità o gestivano di comune accordo appalti milionari. Eppure, in alcuni casi, i giudici hanno accolto la tesi di simili affaristi, ritenendo prevalente la forza di ricatto dei mafiosi rispetto alle loro scelte. Io continuo a ritenere che non ci possano essere giustificazioni, anche per rispetto di chi ha trovato il coraggio di denunciare, spezzando quegli atteggiamenti di paura, di rassegnazione, di scarsa fiducia nelle istituzioni, che troppo spesso pesano sul tessuto economico. In un atto del processo d'appello contro l'assoluzione di alcuni imprenditori, i cui nomi erano stati ritrovati nei pizzini di Bernardo Provenzano, ho scritto:

> Costituirebbe un precedente oggettivamente grave giungere alla conclusione della «irrilevanza giuridica», sotto il profilo penale, della condotta di quegli imprenditori che, per conseguire appalti pubblici, contravvenendo al principio fondamentale e costituzionalmente garantito della libera concorrenza, si rivolgono all'organizzazione mafiosa per eliminare preventivamente qualsivoglia (o anche soltanto taluno) degli ostacoli, anche solo potenzialmente frapposti all'aggiudicazione della gara che interessa.

L'amara realtà è che dietro l'adesione di tanti operatori economici al sistema mafioso non c'è affatto la paura di ritorsioni: forse all'inizio è così, ma presto le vittime di turno scoprono che possono ricavare anche vantaggi dalla situazione. E l'organizzazione criminale diventa quasi una pubblica amministrazione parallela, come se le venisse riconosciuto di fatto il ruolo di soggetto deputato alla gestione di attività e interessi pubblici che invece spettano alle istituzioni.

Oggi, attorno ad affari del genere, vedo riunirsi imprenditori, mafiosi, politici e professionisti. È il nuovo «patto del tavolino», metafora di uno spazio attorno al quale continuano a sedersi e incontrarsi: a quei tavolini ogni soggetto porta le proprie competenze, al fine di raggiungere un obiettivo comune. Perché lucrare sulle risorse pubbliche è diventato sempre più difficile, grazie ai controlli delle amministrazioni e soprattutto alle indagini della magistratura. Ma in risposta i metodi del crimine si sono fatti via via più sofisticati, entrando in una logica di rete: è questa, infatti, l'unica prospettiva che riesce a superare la legalità, che spesso in rete non è perché i controlli sono frammentati e senza una prospettiva di più ampio respiro.

Così, il colore predominante nelle nostre città continua a essere il grigio, il colore di quella zona indefinita dove i mafiosi incontrano gli insospettabili – di Palermo e non solo di Palermo – e insieme fanno scambi di reciproco interesse. Oggi, i voti di Cosa nostra vengono pagati non solo con il denaro, ma anche con le assunzioni nelle cooperative sociali finanziate dagli enti pubblici. Le ultime indagini della Procura di Palermo hanno individuato diversi capimafia tra gli assunti nelle fila della Social Trinacria Onlus: prendevano un sussidio di mille euro al mese, senza dover svolgere alcuno dei servizi di pubblica utilità previsti. Ma, naturalmente, le loro firme non mancavano mai dal registro delle presenze.

In cambio dei loro voti, i mafiosi accettano di buon grado anche favori dai politici. Di questi tempi, anzi, sono proprio graditi. La parola d'ordine dei tavolini degli affari è diventata ormai «flessibilità», ovvero grande capacità di adattamento alle circostanze che via via si presentano. Gli scambi possono essere davvero di varia natura. Le intercettazioni ci hanno detto anche di politici che giravano ai mafiosi informazioni riservate provenienti dalla pubblica amministrazione, ad esempio su controlli che sarebbero stati fatti in un cantiere. Nell'esperienza siciliana, purtroppo, i politici continuano a fare pressioni sulla burocrazia, che sembra essersi modellata a dovere su questo stato di cose: così, troppo spesso, funzionari e dirigenti hanno ceduto alle lusinghe di una promozione anche minima, di una posizione di favore all'interno dell'ufficio. Talvolta, invece, hanno preteso di più – anche molto di più – dalla politica. Persino denaro. Oppure, hanno ottenuto di sedere pure loro al tavolino degli affari.

4
Quanto conta ancora la religione per il potere mafioso?

Il credo del padrino

In carcere Salvatore Riina afferma di detestare i magistrati, ma anche un certo tipo di sacerdoti. Due soprattutto, che accomuna: don Pino Puglisi, il parroco del quartiere Brancaccio ucciso dai boss il 15 settembre 1993, e don Luigi Ciotti, l'instancabile animatore dell'associazione Libera, che si batte attivamente sul territorio per il contrasto alla mafia, in particolare gestendo a fini sociali aziende e beni sottratti ai boss. Per il capo di Cosa nostra tra i due non ci sono differenze: «Questo prete è una stampa e una figura che somiglia a padre Puglisi». E deve fare la stessa fine: «Ciotti, Ciotti, *putissimu* pure ammazzarlo» dice. Riina va su tutte le furie quando sente alla televisione che la Chiesa vuole rilanciare il messaggio di don Puglisi, appena fatto beato. E all'ora d'aria consegna parole durissime al suo compagno di passeggiate: «Il quartiere» afferma l'anziano padrino, con tono di disprezzo, «lo voleva comandare *iddu*. Ma tu fatti il *parrino*, pensa alle messe, lasciali stare… il territorio… il campo… la chiesa… Lo vedete cosa voleva fare? Tutte cose voleva fare *iddu* nel territorio… tutto voleva fare *iddu*, cose che non ci credete». È la Chiesa impegnata sul territorio che fa infuriare Riina. Da don Puglisi a don Ciotti il passo è breve. A questo punto, Riina lancia l'idea di un altro omicidio eccellente contro un ecclesiastico: «Salvatore Riina, uscendo, è sempre un pericolo per lui... figlio di puttana».

In poche battute, il boss per antonomasia ha tratteggiato l'essenza della vera antimafia, quella che opera nel territorio. La Chiesa, affrancatasi finalmente da decenni di silenzi e contiguità alla mafia, è ormai sempre più in prima fila in questa azione: per contendere alla criminalità organizzata gli uomini e le loro coscienze. Libera, poi, dà fastidio a Riina anche perché gestisce i beni confiscati. Pure questo il padrino di Corleone chiarisce senza mezzi termini: «Sono sempre agitato» spiega «perché con questi sequestri di beni...». Più esplicite di così non potevano essere le parole della mafia per definire quale antimafia dà veramente fastidio ai boss: non quella dei proclami, della quale i clan non si preoccupano visto che in realtà non cambia nulla. La Chiesa, invece, è in cima ai pensieri di Salvatore Riina. Perché i mafiosi ritengono di non poter fare a meno del conforto – o meglio, del favoreggiamento – di certa fede. Solo così si spiegano, ancora oggi, inchini e processioni pilotate: i mafiosi li utilizzano per ribadire che la religione sta dalla loro parte. E che la fede, la loro fede, legittima il potere mafioso.

Dunque la Chiesa è ancora nel mirino dei boss, e i rischi di infiltrazione restano pesanti; ma per fortuna oggi le condanne inequivocabili di papa Wojtyła prima e di papa Bergoglio poi, parole rilanciate da diversi vescovi e sacerdoti, costituiscono un argine alla finta e strumentale religiosità mafiosa. Nella sua ormai storica invettiva contro gli «uomini d'onore», pronunciata il 9 maggio 1993 nello scenario della Valle dei Templi, Giovanni Paolo II aveva tuonato: «Mafiosi, convertitevi: anche per voi verrà il giorno del giudizio di Dio». Papa Francesco, il giorno dell'incontro con i familiari delle vittime della mafia, nel marzo 2014, ha utilizzato toni solo apparentemente più dimessi, ma le sue parole sono risuonate ancora più forti e incisive. «Mafiosi convertitevi, cambiate vita; vi aspetta l'inferno altrimenti.» Questo ha detto. Quel giorno, accanto a Bergoglio c'era don Ciotti: lui ha voluto sottolineare la necessità di sostenere il lavoro dei magistrati che cercano la verità, e anche l'importanza di manifestare con forza la solidarietà e la vicinanza a chi si espone al rischio della propria vita. Don Ciotti ha fatto, fra tanti, un solo nome: il mio. Le cronache raccontano che in quel momento, in chiesa, è partito un lungo e fragoroso applauso. Quando l'ho saputo, mi sono commosso. Per me è un conforto importante in un momento difficile, ed è un'ulteriore iniezione di fiducia e di entusiasmo. L'entusiasmo che ti deriva dalla consapevolezza che la ricerca della verità è il nostro dovere primario, anche nei confronti dei tanti ai quali la violenza mafiosa ha tolto per sempre l'affetto di un familiare e, con esso, la capacità di gioire e di sorridere.

Anche dopo le stragi di Capaci e via D'Amelio, un altro capo mafioso di rango come Bernardo Provenzano provò a utilizzare la religione come forma di legittimazione per la nuova Cosa nostra. Allora l'organizzazione rischiava per davvero di crollare sotto i colpi di decine di collaborazioni con la giustizia: ricordo ancora le parole di tanti mafiosi che dicevano di essere entrati in crisi dopo le bombe del 1992, di aver provato un forte turbamento interiore. In quei mesi, Provenzano mandava in giro per la Sicilia i suoi pizzini, che contenevano ordini e disposizioni per gestire affari ma anche benedizioni e citazioni tratte dalla Bibbia. Come per sottolineare il nuovo spirito che animava Cosa nostra: non più di violenza, ma di religiosa pace. La finta pace dei mafiosi.

Subito dopo le stragi, Provenzano puntava già a riformare l'organizzazione mafiosa, e il suo obiettivo era quello di ricollocarla all'interno della società, dell'economia, delle istituzioni. La religione, in quest'ottica, era uno strumento, un metodo. Non credo fosse una pura messinscena: la religiosità di Provenzano era cosa antica, lo testimoniano i vecchi santini trovati all'interno della sua Bibbia al momento dell'arresto, nel 2006. Negli anni Ottanta, si sa, c'era una commistione forte fra Chiesa e mafia, e i padrini venivano ammessi in sacrestia senza problemi. Poi anche la Chiesa ha preso coscienza dell'antievangelicità della mafia e c'è stato sempre meno posto per i boss. Ma loro non rinunciano. Perché la religione è nella mentalità del mafioso, che vuole dare di sé l'immagine di persona rispettabile e persino timorata di Dio.

Il Dio dei mafiosi, però, non è quello della Bibbia; e più la Chiesa lo ribadisce, più Cosa nostra insiste. Non a caso Riina utilizza le stesse parole di odio per i magistrati e per la Chiesa. Bisogna riflettere su questo atteggiamento mentale del capo dei capi. L'antimafia della Chiesa, che si alimenta di parole chiare e di impegno sul territorio, dovrebbe essere un modello per la società civile e anche per le istituzioni. Così come un modello per tutti è don Pino Puglisi, l'ho sempre pensato. È stato un uomo santo, capace di parlare ai credenti e ai non credenti: nominato parroco in un territorio difficile come quello di Brancaccio, nel 1990, avviò subito un'importante analisi del territorio, e poi cercò di rispondere ai bisogni della sua gente. Segno che l'antimafia non deve essere solo repressione, ma deve alimentarsi di progetti di rinascita sociale, morale, religiosa.

In fondo, non ci vuole molto a comprendere che i valori cristiani rappresentano l'esatta antitesi del potere dei mafiosi e dei corrotti. Da una parte – quella del Vangelo – c'è l'umiltà, la verità, l'eguaglianza di tutti gli uomini, il valore della povertà; dall'altra c'è la superbia, l'arroganza del potere, la ricerca ostinata della ricchezza, il complotto e la menzogna elevati a sistema per scalare i vertici dell'organizzazione. Sono sempre stato convinto che se la Chiesa, a tutti i livelli e in ogni occasione, si preoccupasse maggiormente di sottolineare l'incompatibilità assoluta del messaggio di Cristo con la mentalità mafiosa, quella denuncia colpirebbe al cuore l'organizzazione criminale e la coscienza di tanti uomini d'onore, e soprattutto prosciugherebbe il consenso sociale di cui ancora gode Cosa nostra. Non smetto di sperare e di sognare. Le parole di papa Francesco possono costituire il viatico di un cammino nuovo.

Il peccato di mafia

I mafiosi insistono: vogliono restare in Chiesa, nonostante le dure prese di posizione contro di loro. Ebbi questa percezione chiarissima leggendo la trascrizione delle intercettazioni realizzate dai carabinieri del Raggruppamento operativo speciale – il Ros – nel salotto di casa Guttadauro. Una sera, il medico capomafia si intratteneva in una delle sue piacevoli conversazioni con due ospiti; a un certo punto, uno di loro confidò che sentiva il bisogno di confessarsi con un prete. Tutti gli altri dovettero restare un po' sorpresi, perché fino a quel momento si era parlato di estorsioni e di messe a posto. Guttadauro invece non si scandalizzò, tutt'altro. Come era solito fare, anche in questo caso dispensò i suoi saggi consigli. Suggerì all'ospite di scegliersi «un sacerdote intelligente». Disse proprio così: «Un sacerdote intelligente». E spiegò la sua idea di una mafia che resiste alle prese di posizione della Chiesa, tema di grande attualità nel 2001 come oggi.

Guttadauro raccontò che anche lui, una volta, si era rivolto a un sacerdote, per alcune questioni che lo riguardavano in prima persona. Possiamo immaginarle. Quel prete aveva risposto in maniera decisa, parlandogli del «peccato di mafia». Ma il padrino non si era lasciato intimorire, e aveva dato una risposa piccata: «Dove sta scritto questo peccato?».

Evidentemente, sono altri i sacerdoti che piacciono ai capimafia. È un'altra la Chiesa in cui vogliono stare. Quella sera, Guttadauro confidò ai suoi amici che gli sarebbe piaciuto anche andare al santuario di Lourdes. E gli altri apprezzarono questo desiderio. Poi, come se nulla fosse, tornarono a discutere di affari. Il capomafia di Brancaccio progettava di realizzare un grande campo da golf. C'era già un'area adatta allo scopo ed erano stati individuati persino i gestori, alcuni parenti di Guttadauro residenti negli Stati Uniti. «Così nessuno potrà dire nulla» commentò lui.

Da questi dialoghi emerge in maniera chiara la strumentalità del sentire religioso del mafioso, che vuole solo orientare la Chiesa – così come lo Stato – in direzione dei propri interessi personali. E nel salotto di Guttadauro ci si vantava in quest'ottica di certi contatti ritenuti influenti: ad esempio di un parente della padrona di casa che – così dicevano – «è cardinale». Un altro medico ammesso nel ristretto consesso mafioso spiegava invece di essere andato in Vaticano per una circostanza poco piacevole, la malattia di un congiunto. Un messaggio allusivo? Come a dire: «Possiamo arrivare in Vaticano»?

Parole dello stesso tenore, contro la Chiesa che non

piace ai mafiosi perché parla male di loro, ho ascoltato in bocca ad altri uomini d'onore durante l'indagine Gotha, che nel 2006 ha bloccato la riorganizzazione di Cosa nostra a Palermo. In un casotto di lamiera, sistemato all'interno del giardino di una sontuosa villa, i mafiosi si sentivano sicuri di poter parlare liberamente. Proprio come a casa Guttadauro. Ma anche questa volta una microspia colse le loro parole. Due giorni dopo la morte di Giovanni Paolo II, il papa dell'anatema contro le cosche lanciato nella Valle dei Templi di Agrigento, commentavano: «Sì, ho sentito poverino, perché era... A parte quella *sbrasata* che ha fatto quando è venuto qua... Una *sbrasata* un pochettino pesante verso i siciliani in generale, però...». Non era un *picciotto* qualsiasi a parlare, ma il medico di Salvatore Riina, Antonino Cinà, come Giuseppe Guttadauro autorevole esponente dell'intellighenzia mafiosa. Ebbene, Cinà sosteneva che le parole di condanna durissima pronunciate da papa Wojtiła fossero state «un pochettino pesanti verso i siciliani in generale». Invece erano dirette solo e soltanto contro il popolo di Cosa nostra. Ma, evidentemente, i mafiosi ritengono di essere maggioranza.

E, in fondo, quegli uomini sono anche affezionati a Giovanni Paolo II; il dottor Cinà lo spiegava in un altro passaggio dell'illuminante conversazione: «Però è stato un cristiano buono. Diciamo che è stato un artefice per combattere il comunismo». E il suo interlocutore concordava: «Sì!». Chi combatte il comunismo piace ai mafiosi, che sono cresciuti nella logica dei blocchi contrapposti; o almeno, questo vale per i mafiosi legati a Salvatore Riina. Lui stesso, nei dialoghi intercettati in carcere, ha ricordato un vecchio episodio risalente al 1946, quando morì suo padre: un amico di famiglia, *u zu* Sariddu, propose al giovane Riina di iscriversi al Partito comunista. Ma lui fu irremovibile. «Io gli risposi: "Lasciatemi stare... Andatevi a fare voialtri comunisti".» Anche dopo un primo periodo di carcere, Riina ricevette la visita di un altro amico che gli propose di entrare nel Pci; ne ricorda il nome: Totò *u Spirdatu*. Un atteggiamento ben diverso aveva invece Bernardo Provenzano che fin dagli anni Ottanta, ci dicono le indagini, fu il fautore di larghe intese per la gestione degli appalti. Questione di punti di vista.

Di certo i mafiosi continuano ad avere la stessa opinione riguardo alla Chiesa loro gradita. «Perché un prete non è che è obbligato a sapere» spiegava Riina a Lorusso durante l'ennesima passeggiata. Quel giorno raccontava delle sue nozze, avvenute a metà degli anni Settanta in un appartamento di Palermo, con la benedizione di un sacerdote. Pur non essendo «obbligato a sapere», quell'ecclesiastico comunque ben conosceva il nome dello sposo, e soprattutto la sua caratura criminale, visto che all'epoca Riina era già latitante. Il prete si chiamava Agostino Coppola, era uomo d'onore e nipote di un mafioso italoamericano molto noto, Frank Coppola detto Tre Dita. Qualche tempo dopo, don Coppola lasciò l'abito talare.

Il boss pugliese chiosava: «Il matrimonio vostro è lecito, è valido». Commento di Riina: «Tanto è vero che dicono che mi ha sposato padre Coppola, dicono. A padre Coppola non gli hanno fatto niente, non gli hanno potuto fare niente...». Il matrimonio di Riina non fu però registrato al Comune, e dopo l'arresto il capomafia si è sposato civilmente, attraverso la procura affidata a un notaio. Per lui però, e per l'organizzazione, era importante che di fronte a Dio le cose fossero a posto. E furono fatte per bene: si racconta che quel giorno, assieme a don Agostino Coppola, c'erano anche altri due sacerdoti della diocesi di Monreale. Di certo, di quel matrimonio si venne a sapere solo alcuni anni dopo. Nel corso di un'irruzione all'interno di un appartamento del quartiere San Lorenzo, saltarono fuori un biglietto di partecipazione e alcune fotografie del viaggio di nozze. L'appartamento era stato uno dei covi della coppia in latitanza. Magari, chissà, era stato pure benedetto dal solito sacerdote accomodante.

Mediazioni benedette

Talvolta, la vicinanza con esponenti della Chiesa non è servita solo per una legittimazione sociale dell'organizzazione, ma per vere e proprie mediazioni di alto livello. Non è chiaro se consapevolmente o per effetto di una strumentalizzazione. È uno dei temi di indagine che abbiamo approfondito durante l'inchiesta Trattativa.

Nel 1993, dopo una pesante lettera di minaccia inviata al presidente della Repubblica da numerosi sedicenti e anonimi parenti di mafiosi al 41 bis, alcuni cappellani delle carceri avrebbero fatto da apripista per favorire un cambiamento al vertice del Dipartimento dell'amministrazione penitenziaria, il Dap. Il direttore Nicolò Amato, ritenuto troppo rigido, fu sostituito con il magistrato Adalberto Capriotti. A quell'avvicendamento seguì di pochi giorni un evidente alleggerimento del 41 bis per centinaia di mafiosi. Ed è ancora da chiarire il ruolo svolto dall'ispettore generale dei cappellani carcerari d'Italia, don Cesare Curioni.

Nei giorni in cui completavamo le prime indagini su questa vicenda, mi ricordai di avere raccolto tanti anni prima le dichiarazioni del pentito Ciro Vara, appartenente alla famiglia di Caltanissetta, che aveva parlato proprio di un ruolo della Chiesa dopo le stragi di Capaci e di via D'Amelio. Spiegò che «nel 1992-1993 Provenzano, per alleggerire la pressione dello Stato su Cosa nostra, in particolare per i detenuti sottoposti al 41 bis, aveva cercato una strada attraverso la Chiesa». Il collaboratore raccontò di aver appreso questa strategia nel novembre 1993 da un altro importante mafioso di Caltanissetta, Mimmo Vaccaro, all'epoca latitante. Poi specificò: «Soffrivamo la pressione dello Stato, i detenuti in particolare, e per questo motivo incontrando Vaccaro dopo che per una settimana era stato insieme a Provenzano, gli chiesi cosa stava facendo per aiutarci. In quell'occasione, mi rispose che stava tentando la strada attraverso la Chiesa, in modo da ammorbidire la repressione della magistratura e alleggerire il 41 bis». Quando Vara ci raccontava queste cose, nei primi mesi del 2000, l'indagine Trattativa non era ancora nei nostri pensieri e tanto meno era emerso il ruolo dei cappellani in quell'avvicendamento ai vertici dell'amministrazione penitenziaria, che precedette l'alleggerimento del carcere duro. Di sicuro, lo smantellamento del 41 bis era lo scopo principale – la vera e propria ossessione – di Riina e dei corleonesi fin dal momento in cui, tra il giugno e il luglio del 1992, venne varato e per la prima volta centinaia di mafiosi furono trasferiti al temutissimo penitenziario dell'isola di Pianosa.

Le storie degli incroci pericolosi tra Chiesa e mafia sono davvero tante, e tutte molto complesse. Per certi versi anche sfuggenti. A metà degli anni Novanta, un altro mafioso di rango costruiva addirittura una piccola cappella all'interno del suo covo da latitante e lì riceveva diversi sacerdoti. Sto parlando di Pietro Aglieri, poi arrestato dalla polizia nel giugno del 1997. Anni fa uno di quei sacerdoti, don Giacomo Ribaudo, ha raccontato alla rivista «Jesus» che il boss gli avrebbe consegnato addirittura una lettera, dopo l'assassinio di don Pino Puglisi. Secondo questa ricostruzione, Aglieri annunciava che un gruppo di mafiosi erano pronti a consegnarsi allo Stato; in cambio chiedevano condizioni di favore e di non essere obbligati ad accusare i propri compagni. Una sorta di dissociazione – ben diversa da una vera e propria collaborazione con la giustizia – alla quale agganciare benefici premiali in sede processuale e penitenziaria. In quegli stessi giorni, accadeva qualcosa di simile anche in Campania, dove un gruppo di camorristi contattò monsignor Antonio Riboldi. La proposta dei boss venne resa pubblica, e la notizia fece discutere. Si mosse la magistratura, si mosse la Chiesa. Non potevano esserci spazi per una trattativa del genere con quella frangia di mafiosi: l'unica strada per uscire da Cosa nostra è collaborare con la giustizia, rivelando tutto ciò di cui si è a conoscenza. Da allora, tanto tempo è trascorso, ma Aglieri e gli altri mafiosi non hanno mai preso le distanze dall'organizzazione.

Da quella travagliata stagione, intanto, la Chiesa siciliana ha maturato delle regole chiare di comportamento, che costituiscono ancora oggi delle linee guida per i sacerdoti. Dopo l'arresto di Aglieri e di uno degli ecclesiastici che frequentavano il suo covo (successivamente scagionato dall'accusa di favoreggiamento), è stato stilato un vero e proprio decalogo da una commissione di saggi appositamente nominata dall'allora cardinale e arcivescovo di Palermo Salvatore De Giorgi. Vi era scritto: «La conversione non può essere ridotta a fatto intimistico, ma esige il dovere della riparazione: anche con l'indicazione all'autorità giudiziaria di situazioni e uomini che potrebbero continuare a provocare ingiustizie». E poi, ancora: «È lecito per i sacerdoti andare a trovare un latitante, ma solo per una volta e per portargli coraggio nell'avviare la conversione. Andare più volte assume i connotati di una cappellania del tutto indebita». Un altro modo per ribadire che non ci possono essere trattative con la mafia, neanche sul versante delle coscienze. Perché i mafiosi hanno una grande capacità di fagocitare il proprio interlocutore, chiunque esso sia. E sono alla continua ricerca di referenti che li legittimino al di fuori della sfera criminale.

Mi verrebbe da dire che, ancora una volta, la Chiesa cattolica è un passo avanti nell'analisi delle strategie più corrette per cercare di rapportarsi al mafioso: per il sacerdote è la pecorella smarrita che va recuperata, certo, ma senza scorciatoie che potrebbero causare pericolosi corto circuiti o, peggio, la strumentale rappresentazione esterna di false conversioni. Nel 2000, durante il Giubileo, i cappellani delle carceri siciliane hanno cercato di riprendere le fila di questo complesso ragionamento, tornando a far intravedere anche ai mafiosi – scomunicati in base al diritto canonico – la prospettiva del perdono della Chiesa. Veniva indicata persino una via possibile: la riconciliazione con la «parte offesa», attraverso il risarcimento ai familiari delle vittime. Che io sappia nessun mafioso si è fatto avanti.

La verità è che i boss non accettano condizioni. Piuttosto, vogliono essere loro a imporle, piegando perfino la fede e la dottrina alle proprie esigenze.

5
I mafiosi cercano anche giudici e investigatori?

Un magistrato per amico

Sarebbe riduttivo e profondamente ingiusto affermare che il rapporto di Cosa nostra con il potere si limiti ai contatti con la politica, l'imprenditoria e la Chiesa. L'organizzazione ha sempre avuto la tendenza – diventata poi necessità – di coltivare rapporti utili anche con altri poteri istituzionali, perfino quelli più direttamente deputati alla repressione del fenomeno mafioso. Ecco perché nel corso degli anni i boss hanno cercato con ostinazione di stringere rapporti con le forze dell'ordine e la magistratura.

È questo un tema molto delicato che, da magistrato, affronto con particolare amarezza e difficoltà. Mi auguro che sia ormai definitivamente alle nostre spalle l'epoca storica più critica in tal senso, quella protrattasi fino agli anni delle stragi siciliane. Ma riflettere su quanto è successo resta fondamentale per comprendere in che modo lo Stato si sia lasciato condizionare dalla perversa intelligenza mafiosa. E serve anche a evitare che in futuro tutto ciò si possa ripetere. Per questo voglio guardare innanzitutto a quanto accaduto in quel periodo all'interno del sistema giudiziario. Con una necessaria premessa: per lunghissimo tempo, Cosa nostra non si era neppure posta il problema del condizionamento della magistratura; e questo perché, fino all'inizio degli anni Ottanta, i processi di mafia erano pochi, sporadici e comunque destinati a terminare con un'assoluzione degli imputati per insufficienza di prove. Gli inquirenti avevano le armi spuntate, ed erano sprovvisti di quegli strumenti – le testimonianze dei collaboratori di giustizia e le intercettazioni – rivelatisi poi di grande importanza. Inoltre, non si era ancora manifestato il coraggio di quei pochi valorosi testimoni, che negli anni successivi ha segnato una svolta importante nella stagione giudiziaria di contrasto al fenomeno mafioso: penso, ad esempio, ai commercianti e agli imprenditori che hanno denunciato il pizzo. Per tutti questi motivi, i processi si concludevano ogni volta con la solita formula dell'insufficienza di prove, e senza che Cosa nostra dovesse far ricorso a pressioni esterne.

Solo quando iniziò a incrinarsi la certezza dell'impunità, la mafia si pose più seriamente il problema dell'aggiustamento dei processi, tramite il condizionamento dei giudici che li celebravano o li istruivano. Il primo importante banco di prova, per l'organizzazione, fu il procedimento che scaturì dall'omicidio del capitano dei carabinieri Emanuele Basile, ucciso il 4 maggio 1980, a Monreale. Un delitto eccellente nei confronti di un investigatore che aveva compreso in anticipo tanti segreti della scalata dei corleonesi al vertice di Cosa nostra. Le indagini arrivarono subito a una svolta positiva: Giuseppe Madonia, Vincenzo Puccio e Armando Bonanno – tre personaggi in quel momento esponenti di punta dell'ala corleonese – furono fermati nelle campagne di Monreale, di notte, subito dopo il delitto. Naturalmente, non seppero fornire alcuna spiegazione che rendesse plausibile la loro rivendicazione di estraneità all'omicidio che avevano poco prima compiuto. Rischiavano l'ergastolo. Così, si scatenò presto una serie di tentativi per condizionare il giudizio dei magistrati: avvicinamenti per sondarne la disponibilità, minacce, intimidazioni nei confronti di giudici togati e di quelli popolari che compongono la Corte d'assise; queste e altre pressioni accompagnarono tutto l'iter del lunghissimo processo, dal primo grado all'ultima pronuncia della Cassazione. E i mafiosi, nel loro delirio di onnipotenza, finirono per lasciarsi dietro una scia di sangue.

Il caso Basile è emblematico di come Cosa nostra, da tempo e con ostinazione, agisca per tentare di orientare gli esiti delle vicende giudiziarie che le stanno più a cuore. In quel caso la sentenza non arrivò quando tutti l'attendevano, ovvero al termine del primo dibattimento innanzi alla Corte d'assise. I giudici uscirono dalla camera di consiglio, nella quale erano entrati per decidere se i tre imputati fossero colpevoli o innocenti, con un'ordinanza che disponeva una perizia sul fango delle scarpe indossate da Giuseppe Madonia. Per effetto di tale inopinata decisione, dopo molto tempo il processo riprese con nuovi giudici; questi assolsero i tre imputati con una motivazione tipica delle cosiddette «sentenze suicide»: dopo l'elencazione di una serie impressionante di indizi e prove di colpevolezza, la corte decretò che quegli elementi, benché significativi e molto numerosi, non erano sufficienti per condannare gli imputati.

La Procura della Repubblica impugnò la sentenza. In appello il collegio fu presieduto da un giudice che fino ad allora si era occupato prevalentemente di questioni civilistiche, Antonino Saetta. Tanti suoi colleghi, stabilmente assegnati alle sezioni penali della Corte d'appello, fecero un passo indietro accampando motivi di salute o altri pretesti pur di non presiedere la corte in quel dibattimento ad alto rischio. E lo stesso fenomeno si stava verificando, parallelamente, per il primo maxiprocesso alle cosche. Per questo, visti i tanti passi indietro dei suoi colleghi, Antonino Saetta si trovò a dover giudicare chi era accusato di aver ucciso il capitano Basile.

La sua Corte d'assise d'appello ribaltò lo scandaloso verdetto di primo grado e condannò i tre imputati all'ergastolo. Ma anche in quella fase del giudizio i corleonesi tentarono – attraverso i loro fiduciari di Canicattì, paese di origine del magistrato – di avvicinare e intimidire il presidente del collegio. Saetta non si piegò. E questo fu il principale motivo per il quale, solo qualche mese dopo, il 25 settembre 1988, quel giudice integerrimo venne assassinato assieme al figlio Stefano, lungo la strada statale Agrigento-Caltanissetta, mentre da Canicattì stava tornando a Palermo. Poco tempo prima, era stato designato a presiedere anche il secondo grado del maxiprocesso.

I corleonesi non si rassegnarono alla condanna di tre loro così autorevoli esponenti. Continuarono a intervenire sul processo persino nelle sue ultime fasi. E, forse per questo, il provvedimento emesso dalla corte presieduta da Saetta venne annullato dalla Cassazione, con una sentenza che andava in direzione opposta alla giurisprudenza consolidata: veniva considerato causa di nullità di tutto il processo – e quindi anche della sentenza di condanna – il mancato avviso a uno dei due difensori di un imputato della data fissata per il sorteggio dei giudici popolari. Fino a quel momento, in casi identici, quella irregolarità formale non era mai stata considerata causa di nullità della successiva sentenza. Ma, evidentemente, le strade dell'ingiustizia e del potere di condizionamento mafioso erano davvero infinite.

La sentenza venne dunque cassata, e la condanna che era costata la vita al giudice Saetta e al figlio Stefano fu annullata dal Collegio di cassazione presieduto da Corrado Carnevale. Venne perciò ordinato un nuovo processo. Anche questo si concluse con la condanna dei tre imputati, ma non senza un'inedita forma di pressione, condotta con l'apparente guanto di velluto della raccomandazione autorevole. Questa volta, i tentativi di condizionamento sui giudici risultarono più che evidenti, e si protrassero fino all'ultimo, fino al momento del giudizio. Scese in campo un notissimo e facoltoso notaio palermitano, Pietro Ferraro, un massone brillantemente inserito in contesti alti della politica che conta, per avvicinare poco prima della camera di consiglio il presidente della Corte d'assise Salvatore Scaduti. Fu un tentativo inutile: il magistrato, dopo essersi consultato con il suo amico Paolo Borsellino, ne seguì l'accorato consiglio e denunciò immediatamente il comportamento del notaio. La condanna dei tre killer del capitano Basile venne poi confermata in Cassazione, da un collegio diverso da quello presieduto da Carnevale.

Mi sono imbattuto nella sporca vicenda del processo Basile a Caltanissetta, trovandomi a istruire – da giovane magistrato – il processo per l'omicidio del giudice Saetta e a ricostruirne il movente. È stata per me un'esperienza forte, indimenticabile; mi ha messo di fronte all'aspetto più subdolo e insidioso del potere mafioso, e a quello meno nobile di una magistratura in cui a fianco degli onesti e dei coraggiosi convivono qualche colluso e tanti pavidi, più attenti a evitare rischi e sovraesposizioni che a rendere veramente giustizia.

Durante quelle indagini sulla causale dell'omicidio del giudice Saetta ho compreso, con grande amarezza e profonda inquietudine, quanto per Cosa nostra il condizionamento dell'attività giudiziaria era da tempo divenuto un obiettivo primario. A volte, quello della mafia è stato un approccio solo tentato; altre purtroppo è andato a segno. In questi casi, i giudici che vi hanno ceduto hanno gravemente esposto chi non ha voluto tradire la propria missione di giustizia, anche – come il presidente Saetta – a rischio della vita. Un dato, una lezione che nessun magistrato può ancora oggi dimenticare o sottovalutare, nemmeno per un attimo.

Tecniche di avvicinamento

Il magistrato, così come il carabiniere e il poliziotto, è da sempre il principale nemico del mafioso. Ma non per questo la mafia ha rinunciato a priori alla possibilità del contatto compiacente. Le modalità di approccio sono state le più disparate, caratterizzate ovviamente da una particolare cautela e insidiosità. I mafiosi cercano di diversificare i loro tentativi di condizionamento a seconda che si trovino di fronte a giudici popolari o a giudici togati. Nel primo caso, i contatti sono in genere caratterizzati da un approccio prevalentemente intimidatorio: Cosa nostra li ha sempre considerati un potenziale anello debole nella catena dei processi in Corte d'assise, ovvero quelli che riguardano omicidi e stragi e possono dunque comportare condanne all'ergastolo.

Nel caso dei giudici togati, invece, Cosa nostra ha storicamente preferito un avvicinamento più soft, senza espliciti riferimenti minacciosi, magari connotato da un richiamo, all'apparenza neutro, alla «innocenza» dell'imputato, veicolato da avvocati o perfino da parenti o amici del magistrato. Simili personaggi sono i componenti di quella rete relazionale di insospettabili che si prestano a fungere da cuscinetto fra il giudice e l'ambiente mafioso. E c'è un motivo particolare per il quale l'approccio del mafioso al magistrato è connotato da grande cautela: nel caso in cui il giudice avvicinato reagisse denunciando l'episodio, il mafioso potrebbe pur sempre ripararsi dietro il paravento dell'equivoco, della parola non capita o dell'iniziativa spontanea e non condivisa dell'amico. Subdole tecniche di psicologia criminale mafiosa, che ho compreso poco alla volta nel contesto di complesse indagini a Caltanissetta e a Palermo.

Aspetti importanti di quel metodo mi colpirono in occasione dell'inchiesta e del processo a carico del giudice Giuseppe Prinzivalli, già presidente della Corte d'assise di Palermo, che celebrò alla fine degli anni Ottanta il processo cosiddetto maxi-ter al gotha mafioso della provincia palermitana. In quel caso l'obiettivo principale del condizionamento mafioso, più che essere connesso alla sorte di questo o quell'altro imputato, era di natura prettamente strategica e di interesse generale per l'organizzazione: era necessario ottenere una pronuncia giudiziaria che confutasse le conclusioni della Corte d'assise del primo maxiprocesso, le quali recepivano nella sostanza l'impostazione istruttoria del pool antimafia di Falcone e Borsellino. Alcune questioni, in particolare, dovevano essere rimesse in discussione da una decisione di segno contrario rispetto alla precedente: l'affermazione dell'unicità dell'organizzazione, il suo assetto piramidale e la responsabilità della commissione provinciale per gli omicidi eccellenti compiuti a Palermo. Questi i principi che i mafiosi volevano demolire a ogni costo, prima che si consolidassero in sentenze definitive e divenissero patrimonio comune in tutti i processi di mafia.

Ricordo ancora come mi spiegò la questione il collaboratore di giustizia Salvatore Cancemi: «Riina mi ripeteva con insistenza che a noi non doveva preoccuparci la condanna per associazione mafiosa. "Cinque o sei anni di galera li possiamo sopportare facilmente anche legati alla branda." E concludeva: "Noi dobbiamo lottare perché non passi il principio che per ogni omicidio eccellente possa scattare per i capi la condanna all'ergastolo per il solo fatto di essere componenti della commissione provinciale"». La condanna a vita, allora come oggi, è quella che fa veramente paura ai mafiosi. Ecco perché Cosa nostra puntava con grande determinazione a ribaltare e a cancellare le tesi affermate nel primo grande processo all'organizzazione mafiosa. Ed ecco perché Cosa nostra si aspettava dal presidente Prinzivalli un'autorevole smentita ai capisaldi dell'impostazione accusatoria, sviluppata dal primo storico pool antimafia.

Il racconto di alcuni collaboratori di giustizia, i riscontri e le indagini bancarie portarono all'incriminazione del giudice per concorso esterno in associazione mafiosa e corruzione in atti giudiziari. Ricordo l'imbarazzo provato, da giovane pubblico ministero, nel sostenere l'accusa in giudizio per fatti così gravi nei confronti di un collega che, all'apice della carriera, partecipava da magistrato ancora in servizio alle prime udienze del processo a suo carico. Una situazione paradossale.

Nel corso del dibattimento di primo grado, dinnanzi al tribunale di Caltanissetta, testimoniò fra gli altri il giudice Fabio Marino, che di Prinzivalli era stato giudice *a latere* nel maxi-ter: era stato incaricato di redigere le motivazioni della sentenza. Il tribunale lo convocò per verificare se Prinzivalli gli avesse mai parlato dell'opportunità di disconoscere la responsabilità della commissione provinciale per i delitti eccellenti. In quella drammatica udienza, rispondendo alle mie domande, Marino spiegò che aveva preparato e consegnato in cancelleria la minuta della motivazione della sentenza, ma quando quella era stata ufficialmente pubblicata, si era sorpreso per alcune integrazioni non concordate. Le aveva fatte Prinzivalli, a insaputa del collega che si era assunto il peso della motivazione della ponderosa sentenza.

Verificammo, con stupore e amarezza, che proprio quella non concordata integrazione criticava espressamente i metodi investigativi e le valutazioni del pool antimafia di Giovanni Falcone. Costituiva dunque un potenziale strappo all'applicazione del principio della responsabilità della Cupola mafiosa per gli omicidi eccellenti. Il risultato che Riina si era proposto di ottenere.

La testimonianza del giudice Marino fu importante nel più ampio quadro probatorio che portò alla condanna di Prinzivalli: venne ritenuta un riscontro significativo alle dichiarazioni dei collaboratori di giustizia, che avevano anche raccontato della consegna al giudice «di una borsa piena di *piccioli*». Centinaia di milioni di lire destinati a corrompere il magistrato perché ridimensionasse, con la sua decisione, il ruolo della Cupola.

Prinzivalli venne condannato in primo grado e in appello per concorso in associazione mafiosa e corruzione in atti giudiziari; la Cassazione annullò la condanna per difetto di motivazione, e ordinò un nuovo processo. Ma prima che la vicenda si concludesse in maniera definitiva, fra un'assoluzione annullata dalla Cassazione e una dichiarazione di prescrizione del reato, l'imputato morì dopo una grave malattia.

Strategia di aggiustamento

Per aggiustare processi e sentenze, per tentare di deviare la giustizia dalla strada della verità, i mafiosi non hanno agito e non agiscono da soli. Con i loro soliti metodi di avvicinamento e persuasione hanno messo in campo strategie particolari per indebolire inchieste e processi. E anche per delegittimare in modo subdolo quei magistrati individuati come temibili, perché capaci e determinati. Attività raffinata, quest'ultima, che è sempre partita da un'indagine preliminare: serve conoscere al meglio gli orientamenti culturali dei magistrati più influenti e sfruttarne l'eventuale contiguità alla politica o ad altri poteri. Per attuare una simile strategia, i mafiosi si sono sempre avvalsi di esperti consiglieri, insospettabili professionisti e fini giuristi, ma anche di giornalisti e altre persone ben inserite nei salotti che contano, in grado di influenzare la pubblica opinione.

Spesso, il metodo utilizzato è di sfruttare le divergenze di opinioni fra magistrati – anche quelle perfettamente legittime – per esacerbarle a proprio vantaggio e farle diventare dei veri e propri conflitti insanabili. Proprio in questo modo, Cosa nostra ha puntato più volte a realizzare il suo fine: ostacolare il percorso delle inchieste più pericolose, neutralizzare i magistrati più temuti.

Si tratta di stratagemmi impiegati sin dai tempi dell'uccisione del procuratore Gaetano Costa, nell'estate del 1980: era trapelata all'esterno la presa di distanza di alcuni pubblici ministeri della Procura di Palermo rispetto alle scelte del capo dell'ufficio, e ciò additò Costa come il solo responsabile degli ordini di cattura contro il clan Inzerillo. Accadde anche in seguito, quando le esortazioni del presidente della Corte d'appello di Palermo, Giovanni Pizzillo, finirono per segnalare Chinnici e Falcone come i soggetti che stavano «rovinando l'economia palermitana». Quelle parole il consigliere Chinnici le annotò nel suo diario; chissà quante volte gli erano state ripetute. Pizzillo esortava Chinnici a «sommergere Falcone di processetti», in modo che potesse essere ostacolata la sua attività antimafia.

Così, nei fatti, le frasi e i comportamenti di alcuni – nella migliore delle ipotesi, disinvolti e superficiali – finivano per aiutare l'organizzazione mafiosa nella realizzazione dei suoi obiettivi, primo fra tutti quello di comprendere chi, all'interno di un ufficio giudiziario, rappresentava il vero nemico, il pericolo da tenere sotto controllo. Cosa nostra l'ha capito sin dall'inizio: a volte, certe parole «autorevoli», certi distinguo, certe prese di distanza e perfino alcuni rumorosi silenzi istituzionali possono valere più di ogni minaccia e intimidazione.

Così, in tempi recenti, i mafiosi sono arrivati anche ad auspicare l'intervento di esponenti della società civile, del giornalismo, del mondo della cultura: nel salotto del medico-boss Guttadauro si progettavano addirittura campagne di stampa e interviste contro il carcere duro e le inchieste della Procura di Palermo. Una strategia raffinata, che è proseguita nel tempo. L'obiettivo è rimasto sempre lo stesso: cercare di dividere la magistratura per indebolirla. Una tattica tanto antica quanto attuale. In certi casi tristemente assecondata dalla sconsiderata condotta di chi, all'interno delle istituzioni, con i suoi comportamenti finisce per indicare all'esterno il bersaglio da colpire.

Fin dall'affacciarsi del pericolo costituito dal pool antimafia, l'organizzazione criminale ha cercato di alimentare dall'esterno le divergenze di posizioni che nel palazzo di Giustizia vedevano contrapposti a Chinnici, Falcone e Borsellino, tanti, troppi colleghi che affermavano di non essere convinti della linearità giuridica del loro agire. Quei magistrati, spesso mossi da biechi motivi di invidia professionale, additavano i colleghi impegnati nelle indagini antimafia come giudici-sceriffi, protagonisti o politicizzati. Cosa nostra ha sempre avuto antenne molto sensibili all'interno dei palazzi di Giustizia, grazie ad avvocati compiacenti o soltanto troppo disinvolti, ma anche per la superficialità di alcuni magistrati inclini a portare fuori dai loro uffici storie e dettagli che dovrebbero restare coperti dalla più assoluta riservatezza.

Così da tanti processi, compresi quelli sulle stragi del 1992, emerge l'immagine di una magistratura spaccata, in particolare sul tema del ruolo e del lavoro di quei magistrati che per primi avevano assunto sulle proprie spalle il compito di dirigere, promuovere e coordinare una seria attività di indagine sulla mafia. Si scontrarono in sostanza, all'interno delle stesse istituzioni, due concezioni. Da una parte quella riassunta nella frase di Pizzillo e riportata nei diari di Chinnici, secondo la quale «i giudici istruttori non avevano mai scoperto niente e non spettava a loro scoprire niente»; un'idea arroccata su una funzione meramente notarile, di burocratica e passiva certificazione della regolarità delle indagini della polizia. Dall'altra, una magistratura che in base alle norme del codice puntava realmente a coordinare e stimolare efficacemente le indagini in materia di antimafia.

Solo dopo le stragi di Capaci e via D'Amelio, per alcuni anni, la magistratura si è ricompattata. E lo ha fatto proprio attorno alla figura umana e professionale dei suoi martiri, sull'onda di una forte e nobile reazione emotiva. Il rapporto mafia-magistratura è cambiato, si è alzato e rafforzato il muro divisorio che può e deve tenere indenne l'ordine giudiziario dal pericolo di ogni influenza mafiosa. Oggi è certamente molto più difficile per la mafia condizionare inchieste e processi. Anche per la maggiore consapevolezza diffusa nella magistratura che ciò possa pur sempre avvenire, magari in maniera subdola e indiretta.

Sono però convinto che costituirebbe un grave errore considerare definitivamente superata la questione. Da quando Cosa nostra ha abbandonato la strategia delle bombe – e in particolare in questi ultimi anni – si è tornati a respirare, anche in ambiti finora minoritari (ma purtroppo in graduale espansione) della magistratura, una certa insofferenza nei confronti dell'azione antimafia, dei processi di mafia, dei magistrati più in vista, delle loro scorte e delle misure di sicurezza attorno agli uffici giudiziari. Si è perfino teorizzato, nel corso della cerimonia di inaugurazione dell'anno giudiziario del 2015 a Palermo, che eccezionali misure di protezione adottate nei confronti dei magistrati inquirenti possano finire per isolare i magistrati giudicanti. Come se la sacrosanta esigenza di tutela della sicurezza dei giudici fosse compromessa dalla protezione dei pubblici ministeri più a rischio.

In questo contesto, non sottovaluto il pericolo di un ritorno al clima insidioso che caratterizzò gli anni Settanta e Ottanta, e che costituì terreno fertile per l'organizzazione mafiosa nell'esecuzione di tanti omicidi eccellenti. Per questo, la guardia deve essere tenuta sempre alta. In merito risultano eloquenti, più di ogni altra analisi, le parole pronunciate con rabbia da Salvatore Riina e intercettate nel carcere di Opera: il capo di Cosa nostra individua proprio nei magistrati la fonte principale se non esclusiva dei problemi dell'organizzazione. Grida rabbiosamente che sono dei «cornuti», che dovrebbero essere «tutti uccisi», e se la prende con il latitante Matteo Messina Denaro perché fino a ora non è riuscito a portare avanti la strategia di attacco frontale nei loro confronti. Sempre nella stessa direzione, un altro riferimento critico di Riina è rivolto alla classe politica, che negli auspici del capomafia avrebbe dovuto ridimensionare in modo definitivo l'azione della magistratura, attraverso adeguate riforme. Secondo Riina, sarebbero stati proprio i magistrati a bloccare quei progetti di legge graditi all'organizzazione, finora inutilmente proposti da una classe politica troppo debole.

In fondo Riina centra alla perfezione il problema: la mafia vuole una magistratura intimidita e silente, prona alla volontà della politica, priva di qualsivoglia possibilità di far sentire la sua voce anche sulle questioni riguardanti leggi e riforme in materia di giustizia. Dovrebbe far riflettere l'oggettiva constatazione che il sogno di Riina coincida, nella sua sostanza, con quello di larga parte della politica: di chi vuole trasformare il magistrato in un silente burocrate, impegnato esclusivamente a emettere i suoi provvedimenti in ossequio alle indicazioni politiche e in un contesto di rigida organizzazione gerarchica degli uffici giudiziari. Una condizione che limita nei fatti l'azione antimafia, che deve essere libera da condizionamenti interni ed esterni così come da approcci eccessivamente formali e burocratici.

Difesa di Stato

In tutto l'arco della mia carriera, dal 1992 a oggi, ho avuto modo di verificare e apprezzare giorno dopo giorno lo spirito di sacrificio e l'idealità che muove la stragrande maggioranza dei rappresentanti delle forze dell'ordine – carabinieri, poliziotti e finanzieri – con cui sono in quotidiano contatto. Ho potuto sperimentare il loro altissimo livello di preparazione professionale, in costante crescita in questi ultimi anni.

A Caltanissetta e a Palermo, però, mi sono dovuto occupare comunque di vicende che hanno portato all'arresto e poi alla condanna di appartenenti alle forze dell'ordine, di vario livello e importanza. Appuntati e marescialli dei carabinieri o della guardia di finanza, ispettori della polizia, ma anche dirigenti e funzionari di importanti e strategici uffici della polizia di Stato e ufficiali superiori di reparti nevralgici dell'Arma dei carabinieri. Alcuni erano persino transitati nei servizi di sicurezza. Mi sono imbattuto in storie di squallido interesse personale e talvolta di più inquietante e sistematica collusione con ambienti criminali. Tutto ciò non ha scalfito in me il sentimento di stima e di riconoscenza nei confronti di istituzioni che, nel loro complesso, hanno sempre dimostrato affidabilità e integrità.

Non posso certo nascondere che sono state indagini scomode e difficili; come quelle sulle collusioni fra la mafia e la politica, ma per motivi diversi. Sono indagini scomode perché richiedono al magistrato di indagare sull'operatività di reparti e uffici con i quali si è quotidianamente in contatto. Sono delicate e complesse perché ti impongono, almeno in alcuni casi, di investigare su persone con le quali hai collaborato e con cui spesso – è inevitabile – si sono instaurati rapporti umani di sincera cordialità. E, in ogni caso, sono inchieste che portano ad ascoltare, in qualità di testimoni, ufficiali e agenti di polizia giudiziaria con i quali per altri motivi continui ad avere rapporti e dei quali devi continuare a fidarti. Si tratta dunque di processi particolari e complessi, che espongono al facile e inevitabile rischio di inimicarsi in qualche modo istituzioni con le quali dovrai sempre collaborare e dalle quali dipende non soltanto l'efficacia della tua azione professionale, ma anche e spesso, come nel mio caso, la tutela della sicurezza personale e familiare.

Situazioni in cui entra in gioco un coacervo di rapporti e problemi che ti coinvolgono anche da un punto di vista strettamente personale e di coscienza. Forse per questo non tutti i magistrati dimostrano di avere effettiva consapevolezza che comunque, quando risulti necessario, si deve procedere senza alcuna timidezza, senza riserve mentali, senza farsi condizionare dal timore di rendersi ostile ad altre istituzioni e di rischiare di apparire loro come un pericoloso nemico. Si tratta di caricarsi sulle spalle il peso e l'onere di una grande responsabilità: quella di applicare il fondamentale principio costituzionale dell'obbligatorietà dell'azione penale. Se c'è un reato, va perseguito. Un presidio di democrazia, di eguaglianza, di garanzia da ogni possibile arbitrio del potere. Ma non tutti la pensano così.

È ancora purtroppo diffusa, anche se abilmente dissimulata, la convinzione che certi panni sporchi si debbano lavare in famiglia, e dunque che l'indagine sulle forze dell'ordine non possa e non debba essere condotta con la stessa intensità e incisività di altre indagini di mafia. Un preconcetto duro a morire e assolutamente fuorviante, in base al quale l'inchiesta doverosa finisce per essere strumentalmente presentata come momento di discredito per l'istituzione alla quale appartiene il singolo operatore finito sotto accusa. Sono convinto dell'esatto contrario: uno Stato che pretenda di essere credibile nella lotta alla mafia agli occhi dei cittadini, non può permettersi di dare neppure la semplice impressione di utilizzare due pesi e due misure e di voler nascondere la polvere sotto il tappeto per comodità o convenienza. Non può dare l'idea di utilizzare i guanti gialli rispetto al coinvolgimento di suoi servitori in vicende poco chiare; non può pretendere che tutto si risolva sempre con un comodo e rassicurante nulla di fatto. Lo Stato deve saper guardare anche al proprio interno e processare se stesso quando ne sussistono le condizioni. Senza pensare che chi indossa una divisa possa essere, per ciò solo, sciolto dall'obbligo di rispettare la legge. Non riesce ancora a diventare patrimonio comune che, laddove lo Stato abbia la forza di mettere in luce determinati rapporti collusivi con la criminalità di propri appartenenti, l'immagine dell'istituzione non ne esce compromessa. Dovremmo, anzi, riflettere tutti sulla forza e la credibilità che lo Stato dimostra quando riesce a individuare e colpire il marcio che coltiva al proprio interno. In quel momento, riafferma con la forza e l'autorevolezza dell'esempio che la legge è uguale per tutti e che non esistono zone franche, dove l'illegalità viene ignorata o protetta solo perché praticata da uomini che indossano una divisa.

Per fortuna, comunque, una mentalità nuova e più consapevole sembra farsi pian piano strada. Lo verifico ogni giorno, occupandomi ancora di molti processi nei confronti di appartenenti alle forze dell'ordine. Constato sempre più spesso che la maggior parte dei colleghi degli indagati o degli imputati ha abbandonato ogni pregiudiziale atteggiamento corporativistico, e rispetta il lavoro del magistrato perfino quando non è d'accordo con l'impostazione accusatoria e ritiene i colleghi vittime di un'ingiustizia. Gli autentici servitori dello Stato hanno ben presente che il fine ultimo dell'indagine giudiziaria è l'accertamento della verità e non certo la delegittimazione gratuita dell'uomo e dell'istituzione.

La maturità e il rispetto per l'autonomia e la doverosità dell'attività giudiziaria è, in questi casi, ben più sostanziale di quella che dimostrano di avere altri ambienti politico-istituzionali i quali, al netto di dichiarazioni formali e di facciata, sono soliti reagire con arroganza: non tollerano che la loro attività possa venire in alcun modo sottoposta al vaglio della magistratura.

Divise sotto accusa

Cosa nostra ha sempre considerato lo sbirro come il nemico per antonomasia, che proprio per questo deve essere costantemente tenuto sotto la lente di ingrandimento dell'attenzione criminale. I mafiosi temono soprattutto l'investigatore che non si limita a un lavoro di routine. Quando si accorgono che lo sbirro non è solo un «*vusca* pane» – ovvero un burocrate che, con la mentalità dell'impiegato disincantato, si limita ad aspettare lo stipendio mensile – lo mettono sotto osservazione. Cercano di studiarlo a fondo, e così di scoprire eventuali sue debolezze o magari atteggiamenti poco corretti dal punto di vista professionale. Ecco un'altra ragione per la quale chi indossa una divisa ha una responsabilità enorme nei suoi comportamenti di tutti i giorni, anche quelli in apparenza più banali e innocui.

Non mi stancherò mai di ripeterlo: nella logica mafiosa anche l'atteggiamento semplicemente arrogante di un appartenente alle forze dell'ordine – che magari sfrutta la propria divisa per ottenere uno sconto o un regalo da un commerciante, o un ingresso gratuito al cinema o allo stadio – alimenta in maniera pericolosa quella subcultura per la quale lo sbirro è un nemico del popolo. Non un soggetto che difende lo Stato e la collettività, ma qualcuno che vuole sfruttare a suo vantaggio il ruolo e il potere che la legge gli conferisce.

I mafiosi studiano sempre con attenzione ogni appartenente alle forze dell'ordine. Intanto, per cercare di capire se abbia particolari esigenze o problemi economici che possano portarlo a cedere a qualche allettante sollecitazione; magari un favore per se stesso o per un suo familiare, un posto di lavoro o una raccomandazione anche banale. Poi, il mafioso cerca di capire se l'uomo delle istituzioni possa persino arrivare ad accettare somme di denaro, per esempio in cambio di informazioni sulle indagini. Nella maggior parte dei casi, per fortuna, la fase di studio dimostra la pulizia, l'incorruttibilità e il coraggio dell'uomo con la divisa. In quel caso, lo sbirro diventa un nemico da temere e proprio per questo possibile bersaglio di azioni violente di ritorsione o intimidazione.

Ho maturato queste riflessioni mentre conducevo le indagini su Ignazio D'Antone, già dirigente della squadra mobile di Palermo, poi diventato funzionario di alto livello del servizio segreto civile. Un processo, conclusosi con una condanna definitiva per concorso esterno in associazione mafiosa, che ha lasciato un segno profondo nella mia esperienza e nella mia sensibilità di magistrato. Quella di D'Antone è stata una vicenda emblematica di uno stato di cose complesso, un intricato reticolo di rapporti e situazioni in cui non è risultato facile distinguere il lecito dall'illecito, il potere dall'abuso, la discrezionalità dall'arbitrio. Le indagini si sono addentrate nella storia di un capo della squadra mobile che già negli anni Ottanta intratteneva rapporti equivoci con i mafiosi, passava loro notizie riservate, li proteggeva: i pentiti, ma anche alcuni suoi colleghi, hanno descritto un quadro impietoso. Di sicuro, man mano che approfondivo il caso, emergeva sempre di più una chiara spaccatura all'interno della polizia di Stato e dei suoi reparti impegnati in quegli anni sul fronte più caldo del contrasto alla mafia.

Due vere e proprie fazioni. Da una parte, primeggiava un atteggiamento improntato a grande prudenza e a una certa tolleranza nei confronti del fenomeno mafioso, in quel periodo particolarmente violento. Dall'altra, si faceva strada una concezione più evoluta e intelligente, di forte consapevolezza della gravità del problema, di dignitoso coraggio portato fino a quell'eroismo che contrassegnò l'attività di tanti poliziotti a Palermo e in Sicilia. Ne voglio ricordare alcuni: Boris Giuliano, Ninni Cassarà, Beppe Montana, Roberto Antiochia e Calogero Zucchetto, tutti uccisi dai sicari di Cosa nostra.

Mi resi conto che quella spaccatura era determinata e alimentata anche dall'appartenenza a vere e proprie cordate di potere, che portavano alcuni poliziotti al vertice di uffici nevralgici, non certo per la loro capacità investigativa o per il loro coraggio ma per la disponibilità e l'ossequio verso referenti superiori legati al potere politico. Così, dietro ogni alleanza c'era una fazione politica, sostenuta a sua volta da settori particolari dei servizi segreti. Anche il dottor D'Antone era inserito all'interno di una collaudata cordata di potere, quella facente capo a Bruno Contrada, un altro ex dirigente della squadra mobile di Palermo, poi divenuto esponente apicale del Sisde e anch'egli condannato per concorso esterno in associazione mafiosa a causa dei suoi rapporti equivoci con uomini delle cosche.

C'è però un elemento che voglio evidenziare, per rendere un doveroso riconoscimento al coraggio e alla fedeltà alla verità di tanti poliziotti. Nonostante cordate e protezioni, contro il dottor D'Antone sono arrivate comunque le testimonianze di diversi colleghi e sottoposti, che con il loro comportamento processuale hanno sconfessato la prassi allora dilagante per la quale un collega non doveva mai essere accusato né messo in difficoltà. E oggi, rispetto a quanto avveniva fino a pochi anni fa, sono ancora più numerosi i casi di appartenenti alle forze dell'ordine che si rivolgono alla magistratura per denunciare condotte di colleghi e superiori che non appaiono lineari o possono costituire reato. A prescindere dall'analisi dei singoli casi giudiziari – molti dei quali connessi alla protezione di latitanti eccellenti da parte di uomini delle istituzioni – credo che ciò rappresenti un segnale positivo. Certo, bisogna sempre valutare con la necessaria cautela queste iniziative, per evitare il rischio di possibili trappole. Ma, evidentemente, sembra non ci si rassegni più alla patologia di un eventuale arbitrio del superiore o alla perversa logica per cui ciò che avviene all'interno di caserme e uffici di polizia non deve in ogni caso e per nessun motivo essere riportato all'esterno. Come se proprio le istituzioni deputate a far rispettare le regole potessero invece coltivare e tollerare al proprio interno la presenza di zone franche di illegalità.

In simili casi, dunque, è importante inquadrare a trecentosessanta gradi il contesto in cui si muovono l'accusatore e l'accusato. Bisogna vagliare con attenzione le rispettive dichiarazioni, per evitare la possibile strumentalizzazione dell'inchiesta; ma questo pericolo non può diventare alibi per una comoda inerzia. La magistratura ha il dovere di fare tutto il possibile, senza tralasciare nulla e senza mai partire dal comodo presupposto della indimostrabilità dell'assunto accusatorio. Talvolta è proprio questo pregiudizio – non sempre sincero e disinteressato – a caratterizzare la timidezza di alcune indagini sugli apparati di polizia. Un paravento dietro al quale celare un opportunistico desiderio di certi settori della magistratura inquirente: quello di non esporsi con inchieste potenzialmente molto scomode. Inchieste tanto difficili e delicate da far rischiare, a chi le conduce con coraggio e decisione, di ritrovarsi sulla strada impervia del pericoloso isolamento istituzionale.

La catena delle talpe

Altre cordate, altri grumi di potere, trasversali e devianti, ho ritrovato nell'ambito dell'indagine sulle talpe alla Procura di Palermo. Un'inchiesta che per me è stata particolarmente coinvolgente e drammatica, anche da un punto di vista personale e umano. Ha infatti riguardato, fra gli altri, un maresciallo – Giorgio Riolo, del Ros dei carabinieri – che svolgeva un'attività rischiosa e importante per conto del mio ufficio: installava microspie, strumenti fondamentali per tante brillanti operazioni. Anche le intercettazioni a casa del medico capomafia Giuseppe Guttadauro erano state predisposte grazie alle raffinate soluzioni tecniche realizzate dal maresciallo, una cimice piazzata nel salotto del boss in modo da risultare praticamente invisibile ci aveva consentito di penetrare i segreti più nascosti dell'organizzazione mafiosa. Almeno fino a un certo punto. Perché poi lo stesso Riolo aveva finito per rivelare illegittimamente a un ex collega – il maresciallo Borzacchelli, nel frattempo transitato in politica e candidato alle elezioni regionali – l'esistenza di quella microspia piazzata con tanta fatica. L'informazione arrivò al boss Guttadauro, attraverso una catena di esponenti politici collusi al cui vertice si muoveva l'ex presidente della Regione Salvatore Cuffaro, che anche per questo episodio è stato definitivamente condannato.

Non è stato facile né indolore assistere agli improvvisi pianti di Riolo durante gli interrogatori, dopo l'arresto. Non è stato facile trovarsi di fronte a un uomo che, schiacciato dall'evidenza delle prove, ha dovuto ammettere di avere ceduto alle lusinghe anche economiche dell'ambiente di potere nel quale si era trovato catapultato. Il maresciallo Riolo aveva svenduto la sua dignità e la sua professionalità di carabiniere di un reparto d'eccellenza, senza porsi alcuno scrupolo neppure nei confronti dei colleghi che con lui avevano condiviso tanti rischi e sacrifici. Questa storia è indicativa di come, a Palermo e in Sicilia più che altrove, si possa finire schiacciati dentro ingranaggi infernali, che costituiscono la cinghia di trasmissione di un sistema di potere in cui Cosa nostra è soltanto uno degli anelli. E il caso del maresciallo Riolo non era isolato, ce ne accorgemmo presto.

È stato infatti ancora più imbarazzante imbattersi, nell'ambito di quella stessa indagine, nella figura di un sottufficiale che lavorava al nostro fianco in Procura, il maresciallo Giuseppe Ciuro della Dia: con lui avevo anche intrattenuto rapporti personali cordiali, prima di scoprire dalle intercettazioni che osservava i miei spostamenti in ufficio, soprattutto quando mi riunivo con altri colleghi o mi incontravo con il procuratore capo. Faceva tutto questo per conto di un facoltoso imprenditore, Michele Aiello, titolare di un vero e proprio impero economico costruito nell'ambiente della sanità privata grazie alle generose e disinvolte elargizioni del suo amico Salvatore Cuffaro e ai complessi rapporti, anche economici, con Bernardo Provenzano. Aiello aveva fornito a Riolo e

Ciuro alcune utenze cellulari dedicate, così da costituire una vera e propria rete riservata di comunicazione. Su quella linea passavano le informazioni relative alle nostre indagini iniziate per verificare le dichiarazioni del pentito Giuffrè, il primo a parlarmi dei rapporti di Aiello con la famiglia mafiosa di Bagheria e con Provenzano.

Intanto, sopra la mia testa accadeva anche altro. Mentre Ciuro spiava i movimenti dei magistrati di Palermo e riferiva ad Aiello ciò che riusciva ad apprendere sullo sviluppo delle indagini – commettendo così il reato di favoreggiamento per il quale è stato condannato – aveva già ottenuto l'assenso per transitare formalmente nei servizi di sicurezza. E ciò grazie alle segnalazioni di magistrati e politici in buona fede, convinti della professionalità e della correttezza del sottufficiale. Anche questo scoprivamo in quei giorni, ed è un altro aspetto della questione che mi ha fatto molto riflettere; un risvolto che alimenta un sospetto più generalizzato e inquietante. In questo come in altri casi, alcuni esponenti della polizia giudiziaria incaricati di seguire da vicino le indagini dei pubblici ministeri potrebbero averne riferito ad altri, fuori ma anche dentro le istituzioni. Qualcuno l'avrà fatto di propria iniziativa, per acquisire benemerenze presso altri uffici, magari nella speranza di ottenere successive collaborazioni stabili ben retribuite. Altri potrebbero aver fatto filtrare informazioni nell'ambito di un rapporto più organico. In effetti è più di un sospetto: diverse indagini, in tutto il territorio nazionale, hanno fatto emergere un'attenzione morbosa per le attività svolte dai magistrati più impegnati, che sono finiti sotto osservazione persino nella loro vita privata, nei modi più diversi, a opera di soggetti che spesso si muovevano in una zona grigia di relazioni istituzionali.

Anche i magistrati di Palermo che si occupano dell'indagine sulla trattativa tra Stato e mafia sono stati oggetto di attenzioni particolari, ancora non del tutto chiarite, proprio nel momento in cui le attività si facevano più frenetiche. Personalmente, sono stato destinatario di diverse lettere anonime, alcune delle quali – arrivate presso la mia abitazione privata – erano di dichiarata e apparente provenienza istituzionale. Messaggi sibillini, missive in cui si alternavano dotti riferimenti classici, approfondite disquisizioni tecniche sull'attivazione a distanza di congegni esplosivi per potermi uccidere e specifici riferimenti ai miei spostamenti e alle mie abitudini quotidiane. Tutto ciò è accaduto proprio nel momento in cui le attività di indagine si facevano più intense e si dirigevano nel solco dell'approfondimento di possibili deviazioni istituzionali. Nello stesso periodo anche il collega Roberto Tartaglia è stato destinatario di un'evidente, pesante intimidazione: un'irruzione, a opera dei «soliti ignoti», nel suo appartamento di Palermo. In pieno giorno, proprio mentre era impegnato con me e Francesco Del Bene nell'aula bunker per una delicata udienza del processo sulla trattativa Stato-mafia. Chi è entrato a casa del collega ha trovato anche qualche oggetto di valore, ma non lo ha preso; lo ha semplicemente spostato, per rendere ancora più evidente il valore simbolico del gesto. Il messaggio è stato chiaro: possiamo colpirti quando e dove vogliamo, anche a casa tua.

Non posso esprimere nello specifico le mie valutazioni sulla matrice di quegli obliqui messaggi di vigliacca intimidazione, che sono tuttora oggetto di indagine da parte dei colleghi della Procura di Caltanissetta. Ne ho voluto comunque fare cenno perché ritengo che l'opinione pubblica debba avere la consapevolezza di quanto sia ancora oggi difficile, complessa e insidiosa, la ricerca della verità. Sempre più spesso argomenti di indagine che sembrano riguardare un passato lontano sollecitano attenzioni e reazioni davvero singolari. Come se un filo rosso continuasse a legare le vicende più tragiche del nostro Paese; come se risultasse tutt'oggi pericoloso indagare su fatti e situazioni ripescati dall'archivio della memoria, che devono invece restare seppelliti per sempre.

È anche per questo che in determinate situazioni è fondamentale la scelta dei collaboratori su cui poter contare: bisogna in concreto attrezzarsi per assicurare che l'indagine resti blindata rispetto all'esterno. Nell'ambito dell'inchiesta sulla trattativa, ad esempio, abbiamo potuto contare sulla grande professionalità di un gruppo molto ristretto di investigatori che fanno parte del centro operativo Dia di Palermo. Pochi, pochissimi poliziotti e carabinieri, che ci hanno lealmente coadiuvato con grande professionalità e sacrificio personale. E nel corso della delicatissima fase delle intercettazioni, che abbiamo attivato perfino nei confronti di importanti politici ed esponenti istituzionali, non è mai filtrata una sola parola all'esterno. Così come il massimo riserbo è stato assicurato sin dall'inizio, ed è stato mantenuto con costanza, sui dialoghi casualmente intercettati fra l'ex ministro Nicola Mancino e l'allora presidente della Repubblica Giorgio Napolitano. Quei file sono stati poi distrutti, come disposto dalla Corte costituzionale, e mai nulla è filtrato sul contenuto delle telefonate. Segno che è possibile resistere alle incursioni di soggetti o di agenzie che, muovendosi nell'ombra, tentano di carpire informazioni riservate per farne un uso illegittimo. È un segnale di fiducia; anche di questo va dato atto, per farne tesoro e per evidenziare la grave meschinità di chi (qualche esponente politico e alcuni giornalisti sempre pronti ad aggredirci) ha perfino impunemente insinuato la sussistenza di finalità ricattatorie nei confronti del capo dello Stato.

Abbiamo dovuto sopportare anche questo, nel vergognoso silenzio di chi all'interno delle istituzioni avrebbe dovuto difenderci da calunnie così gravi e infondate.

Il tema delle talpe istituzionali resta comunque un fronte da esplorare ancora a pieno. Anche perché non dobbiamo mai dimenticare che l'ombra di tanti infedeli ha funestato la vita dei nostri martiri. Una o più talpe hanno probabilmente tradito il commissario Ninni Cassarà, come è scritto nella sentenza della Corte d'assise di Palermo che ha condannato i sicari e i mandanti di mafia: nella terribile estate del 1985, qualcuno comunicò dall'interno della squadra mobile che il funzionario sarebbe tornato a casa, dopo giorni che lavorava in ufficio per cercare di trovare gli assassini dell'amico e collega Beppe Montana, ucciso una settimana prima. Ancora: nel giugno del 1989, un'altra talpa ben informata comunicò a Cosa nostra che Giovanni Falcone aveva organizzato qualche ora di relax nella sua villa al mare, sulla scogliera dell'Addaura, con due colleghi svizzeri arrivati a Palermo per una rogatoria. E fu organizzato un attentato, poi fallito.

La catena delle talpe è lunga, purtroppo. E stringe il palazzo di Giustizia di Palermo e altri palazzi del potere, non solo siciliano. Tornano gli interrogativi di sempre. Perché un uomo delle istituzioni decide di tradire? Per soldi, per vantaggi nella carriera, per una malcelata ragion di Stato? Per ambizione e sete di potere? Per una sola di queste ragioni o, come più spesso avviene, per un movente più complesso in cui ciascuna di queste motivazioni si confonde con le altre, in una miscela maleodorante di avidità e tradimenti?

6
Perché lo Stato ha cercato la mafia?

Fonti confidenziali

Anche di recente – e sempre più spesso – nelle inchieste che coinvolgono appartenenti alle forze dell'ordine la difesa più comune degli indagati è che i loro rapporti con esponenti mafiosi sono stati instaurati per acquisire notizie confidenziali utili alle inchieste, soprattutto per arrestare pericolosi latitanti. Non entro nello specifico delle singole vicende, però mi sento di dover sottolineare un dato che ormai può considerarsi assodato: rapporti di questo tipo, a prescindere dall'iniziale eventuale buona fede dell'appartenente alle forze di polizia, hanno spesso trasformato il mafioso nella parte forte. E lo sbirro nello strumento in mano al criminale: egli finisce per non essere più in grado di governare la situazione e rimane schiacciato da un meccanismo che, sfuggendo gradualmente al suo controllo, può portare persino a una vera e propria collusione con il nemico.

Bisogna comprendere che il mafioso «informatore» assai di rado è mosso da esclusivo spirito di collaborazione con lo Stato. Più spesso, lo fa o perché vuole utilizzare l'investigatore contro suoi nemici interni; oppure – ed è il caso più pericoloso – pretende e riesce a ottenere dall'uomo delle istituzioni, in cambio di qualche soffiata su aspetti e vicende minori dell'organizzazione, informazioni ben più importanti. Notizie spesso salienti, talvolta decisive, sull'esistenza di indagini in corso, sugli intendimenti e i progetti di investigatori e magistrati, persino sui movimenti e le abitudini di inquirenti ritenuti troppo zelanti e dunque pericolosi. Sono perciò fermamente convinto che, in un contesto così difficile come quello delle indagini sulla mafia, l'unica garanzia dell'operatore di polizia sia di applicare la legge con il massimo scrupolo. Non si può cedere alla tentazione di utilizzare scorciatoie e strumenti diversi da quelli consentiti per l'acquisizione di notizie e informazioni. Inoltre bisogna documentare fedelmente e compiutamente ogni dettaglio della propria azione, per una doverosa e ineludibile esigenza: nell'attività di polizia giudiziaria, la direzione e il coordinamento dell'indagine spettano al pubblico ministero. È questo un principio fondamentale del sistema codicistico vigente, che troppo spesso viene dimenticato o, nella sostanza, eluso da qualche spregiudicato investigatore. All'autorità giudiziaria non può essere rappresentato solo ciò che viene ritenuto utile. La lealtà istituzionale delle forze di polizia nei confronti del pubblico ministero si alimenta giorno per giorno, proprio nel rapporto di completa informazione di qualsiasi sviluppo dell'indagine.

A questo proposito, c'è da dire che sempre più spesso determinati ambienti politici soffiano sul malcontento degli investigatori, cercando di diffondere l'idea secondo cui la dipendenza funzionale nei confronti del pubblico ministero costituirebbe una *deminutio* dell'operato delle forze dell'ordine e un intralcio insuperabile all'efficacia e alla prontezza dell'azione repressiva. Nulla di più sbagliato e pericoloso. Le forze di polizia dipendono in linea gerarchica da organi del potere esecutivo; per questo, concentrare la direzione dell'attività investigativa su di esse e trasformare il pubblico ministero in una sorta di notaio – un semplice controllore della formale regolarità delle indagini di altri – comporterebbe una conseguenza inevitabile: determinate inchieste verrebbero più facilmente insabbiate, paralizzate, o comunque ostacolate dal potere politico. Proprio perché la responsabilità della conduzione non sarebbe più concentrata su un ordine indipendente e autonomo qual è la magistratura, ma su uffici e persone pur sempre inquadrati in una rigida scala gerarchica, facente capo a un vertice politico di governo.

Questo pericolo i poliziotti e i carabinieri più avveduti lo hanno colto. E, anche quando hanno avuto difficoltà con i loro superiori nelle indagini sui palazzi del potere, hanno sempre potuto ripararsi sotto l'ombrello protettivo del magistrato, della sua delega d'indagine, della dipendenza funzionale dal pm sancita dalla nostra Costituzione.

Se, come tanti superficialmente o strumentalmente auspicano, il sistema verrà rivoluzionato e verrà concentrata sulla polizia la direzione delle indagini, allora ci dovremo rassegnare anche in tema di lotta alla mafia a un contrasto che si limiterà a combattere le attività militari dell'organizzazione mafiosa. Dovremo abituarci a un quadro in cui altre inchieste – quelle concernenti i rapporti esterni e più alti – verranno ostacolate in ogni modo, e con grande facilità. Magari con un semplice trasferimento dell'investigatore o, per converso, con la promozione o la valorizzazione di quegli ufficiali di polizia giudiziaria che si dimostreranno affidabili nei confronti dell'ambiente politico. Mentre gli investigatori più liberi e indipendenti verranno neutralizzati. Sono i soliti metodi, già in passato ampiamente sperimentati, che il sistema utilizza per preservare il potere.

Dialoghi sotto traccia

Tante volte, poliziotti, carabinieri e finanzieri hanno tentato di instaurare un dialogo con i mafiosi per cercare di ottenere informazioni. E alla fine sono rimasti succubi di quel rapporto, finendo per diventare la parte debole, o peggio lo strumento della volontà dei mafiosi. Ma la problematica e la casistica delle relazioni tra istituzioni e mafia è ben più ampia e complessa, e finisce per riguardare e incrociare aspetti fondamentali delle scelte politiche in materia di criminalità. In alcuni momenti storici, è risultato evidente che articolazioni importanti dello Stato abbiano cercato e ottenuto il dialogo con Cosa nostra, anche – così almeno è stato dichiarato da taluno dei protagonisti istituzionali di quelle vicende – per comprenderne le strategie e per evitare che determinati progetti dell'organizzazione mafiosa, ritenuti particolarmente pericolosi per le istituzioni, fossero portati a ulteriori conseguenze.

Sono sempre più numerose le prove, al vaglio della Corte d'assise di Palermo, che tutto ciò sia accaduto anche nel periodo subito successivo all'omicidio dell'onorevole Salvo Lima, nel marzo del 1992. Questa vicenda è oggetto di un processo in corso; io sono tra i magistrati che hanno condotto l'inchiesta e ora rappresentano l'accusa, quindi non posso e non voglio entrare nel merito specifico dei fatti in contestazione agli imputati. Ritengo però consentito e doveroso fare chiarezza su alcuni punti, senza che ciò comporti la necessità di entrare nel merito della questione.

Il dibattimento in corso è stato presentato, tanto a livello mediatico quanto politico, come il processo sulla trattativa, e da molti è stato fatto credere che i rappresentanti delle istituzioni e i politici attualmente imputati davanti alla Corte d'assise rispondano del «reato di trattativa», ovvero siano stati incriminati per il solo fatto di aver trattato con la mafia. In realtà, la condotta che contestiamo ai soggetti istituzionali e ai politici è quella di aver, a vario titolo e ciascuno in concorso con altri, consapevolmente assunto il ruolo di cinghia di trasmissione tra Cosa nostra e il governo nel prospettare i *desiderata* dell'organizzazione mafiosa, così concorrendo al vero e proprio ricatto che i boss stavano portando avanti nei confronti delle istituzioni. Un ricatto pesante e incalzante, costruito e alimentato a suon di bombe e attentati e subito percepito nei suoi connotati essenziali dai più alti vertici istituzionali. È quanto ha già riferito l'allora presidente della Camera dei deputati, Giorgio Napolitano, nella sua audizione al Quirinale. Questa configurazione giuridica ci ha indotto alla contestazione del reato di concorso in violenza o minaccia al corpo politico dello Stato. Che tale impostazione sia corretta, almeno a livello teorico, è stato già affermato da più giudici – quello dell'udienza preliminare e la Corte d'assise – che hanno, con motivazioni assai articolate e approfondite, rigettato complesse eccezioni dei difensori degli imputati. Eppure, nonostante ciò, si continua a sostenere che la Procura di Palermo stia perseguendo fattispecie giuridicamente non rilevanti.

Un'altra precisazione è doverosa. Da più parti si è sostenuto che gli uomini dello Stato finiti sotto accusa volessero solo cercare di capire le intenzioni dei capi di Cosa nostra. Ovvero, comprendere a quali condizioni Riina e i suoi avrebbero accettato di abbandonare il programma di violento attacco al cuore del potere politico. Per molti, dunque, l'azione di quegli uomini dello Stato sarebbe stata un'opera meritoria, che avrebbe evitato altre stragi. Questa impostazione, già culturalmente ed eticamente assai discutibile nel momento in cui ammette una mediazione con la mafia, non tiene conto di un altro dato. Riteniamo che uomini delle istituzioni si siano mossi alla ricerca del dialogo per evitare l'uccisione dei politici che la mafia aveva individuato come traditori; e riteniamo altresì, anche sulla base di prove documentali particolarmente pregnanti quali le informative segrete del ministero dell'Interno subito dopo l'omicidio Lima, che i servizi di informazione avessero chiara la strategia di Cosa nostra: non quella generica di attaccare lo Stato, ma quella più specifica di uccidere altri politici. Questo fu il motivo per cui lo Stato si mosse. Ma c'è di più. C'è un altro aspetto oggettivo ancora più importante, che viene ignorato con sistematica determinazione: l'approccio istituzionale con la mafia provocò di fatto una conseguenza devastante. Quando i capi di Cosa nostra capirono che lo Stato li aveva cercati per ottenere la cessazione della strategia di attacco ai politici, si rafforzarono nell'idea che la strada delle bombe pagasse più di ogni altra. Giovanni Brusca ha descritto un Riina letteralmente raggiante nel momento in cui gli comunicava che uomini dello Stato si erano «fatti sotto» per capire quali fossero le richieste dei mafiosi, al fine di sospendere il loro piano partito dall'omicidio Lima.

Particolarmente significativo è il giudizio – ormai confermato dalla Cassazione – che la Corte d'assise di Firenze ha consacrato al termine di un dibattimento articolato e complesso. Mi riferisco alla valutazione sul dialogo con l'ex sindaco mafioso di Palermo, Vito Ciancimino, cercato e ottenuto dagli ufficiali del Ros dei carabinieri. La sentenza ha sancito come di certo l'iniziativa di quei militari «apparve all'esterno, e oggettivamente aveva tutte le caratteristiche per apparire, come una trattativa e l'effetto che ebbe sui capi mafiosi fu quello di convincerli definitivamente che la strage era idonea a portare vantaggi all'organizzazione». Per arrivare a queste conclusioni così nette, i giudici hanno utilizzato le ammissioni degli stessi carabinieri protagonisti delle interlocuzioni con Vito Ciancimino. Tutti questi elementi, frutto di un accertamento giudiziario serio e rigoroso, stridono con le analisi di coloro i quali addirittura rivendicano una medaglia per chi in quel periodo cercò il dialogo con Riina. Nei fatti – lasciando da parte le intenzioni soggettive, sulle quali il processo in corso dovrà fare ulteriore chiarezza – l'effetto conseguito fu devastante per lo Stato e costituì un ulteriore rafforzamento nel convincimento di Riina che le stragi e gli attentati pagassero. Così fu probabilmente salvata la vita ad alcuni uomini politici, ma altri, le vittime delle autobombe del 1992-1993, caddero proprio in ragione dell'esaltazione dell'impulso stragista di Riina che il dialogo, cercato dallo Stato, aveva provocato e alimentato.

Al di là della ricostruzione fattuale che seguirà alla chiusura dei processi in corso, sarebbe opportuno e doveroso prendere in considerazione anche altri aspetti, più generali. Un Paese che voglia realmente e definitivamente sconfiggere la mafia non può non affrontarli. Da magistrato che si è occupato per oltre vent'anni di processi sulla criminalità organizzata, mi sento di prospettare una più ampia considerazione di valutazione etica e di politica criminale: uno Stato che cerca la mafia – in qualsiasi caso e contingenza, anche la più grave, e per qualsiasi ragione o scelta di opportunità – è e resterà sempre perdente, perché rafforza in modo enorme il potere dell'organizzazione mafiosa e legittima un interlocutore criminale che non deve trovare mai uno spazio di legittimazione. Se oggi non si facesse piena luce su quegli avvenimenti, se noi avessimo chiuso un occhio o adottato un atteggiamento volto a non approfondire un argomento così scomodo, avremmo reso un ulteriore favore alla mafia perpetuando all'infinito il suo potere di ricatto nei confronti dello Stato. I mafiosi sono consapevoli di ciò e ansiosi di utilizzare, ora e in futuro, quella diabolica arma di ricatto.

C'è poi un altro aspetto su cui vorrei che tutti riflettessero: se passasse l'idea che organi delle istituzioni possono legittimamente cercare il dialogo con i vertici dell'organizzazione mafiosa, quale credibilità avrebbe lo Stato nel momento in cui, come è giusto che sia, chiede ai suoi cittadini di collaborare, dunque di esporsi in prima persona per rendere più facile la punizione dei mafiosi? Penso ai commercianti o agli imprenditori che subiscono il ricatto delle estorsioni, ai testimoni che vengono a conoscenza di fatti rilevanti per la ricostruzione di omicidi o altri gravi delitti di mafia. Com'è possibile, a livello etico, accettare che uno Stato cerchi un accordo con la mafia, senza pensare invece che ciò costituisca la negazione della necessità per tutti, anche per i semplici cittadini, di fare la propria parte? Come può un magistrato ritenere legittimo un eventuale accordo stipulato con la mafia, qualsiasi ne sia la finalità, e nello stesso tempo perseguire penalmente, come la legge gli impone, il commerciante o l'imprenditore estorto che si dimostra reticente nei confronti del suo carnefice? Anche per questo sono convinto che certe teorie giustificazioniste della trattativa, oggi tanto in voga, dovrebbero fare i conti con maggiore onestà intellettuale con le considerazioni che ho appena fatto. Nessun fine, nessuna contingenza può indurre lo Stato a incrociare il suo percorso con quello criminale. La strada della legge e delle istituzioni da una parte, quella della mafia dall'altra. Sono strade diverse: parallele, destinate a non incontrarsi mai, se non nel momento della repressione poliziesca e giudiziaria del fenomeno criminale.

Un'ultima, forse banale considerazione: come si può giustificare una trattativa con quella stessa organizzazione mafiosa che negli anni precedenti aveva ucciso chiunque – magistrati, carabinieri, poliziotti, giornalisti, uomini politici – costituiva un ostacolo alla pacifica convivenza tra mafia e istituzioni proseguita per troppo tempo? Come può giustificarsi la ricerca di un dialogo con Riina, dimenticando che proprio lui aveva fatto terra bruciata di chi costituiva un ostacolo alla perpetuazione di quella pacifica convivenza tanto cara a Cosa nostra? Con quale faccia, e con quale coerenza intellettuale, i sostenitori delle teorie giustificazioniste della trattativa si presentano immancabilmente alle commemorazioni delle vittime degli eccidi figli di un ricatto mafioso alimentato proprio dal convincimento che lo Stato avesse accettato un dialogo con la mafia?

Questi anni a Palermo

Le ultime indagini condotte con i colleghi della Procura di Palermo mi hanno fatto riflettere in modo particolare sull'impegno del magistrato antimafia. Per essere compiuto e avere un senso autentico, non può convivere con l'idea che per una qualsiasi ragione Stato e mafia trovino dei punti di incontro per dialogare o scendere a patti. L'impegno di un magistrato antimafia – ma anche quello di un investigatore, e penso ai tanti poliziotti, carabinieri, finanzieri che si espongono a gravi rischi per reprimere il fenomeno mafioso – non avrebbe un reale e compiuto fondamento se si accettasse l'ipotesi che, magari a un livello più alto, Stato e mafia possano venire a patti. A quel punto, il sacrificio di chi ci mette la faccia per cercare di incastrare l'estorsore, catturare il latitante o scoprire gli autori di un omicidio, rischierebbe di diventare fine a se stesso.

Il progredire delle nostre inchieste, il venir fuori di possibili profili di patti e di coperture istituzionali ad alto livello, di ragioni di Stato non dichiarate ma sottintese, mi ha rafforzato nell'idea che la lotta alla mafia deve a tutti i costi essere condotta a trecentosessanta gradi. E che non può sopportare zone d'ombra non illuminate dalla legge, dal diritto e dalla regola. Sono convinto che la stragrande maggioranza dei servitori dello Stato la pensi come me. A un livello più alto, però, resistono correnti di pensiero che giustificano, in determinati casi e almeno in occasione di contingenze particolari, un rapporto di dialogo e di mediazione con la mafia, nell'ottica di un criterio di opportunità politica. Io credo che questo approccio abbia fino a ora costituito l'ostacolo più alto al mancato conseguimento della vittoria dello Stato nei confronti dell'organizzazione mafiosa. Se si vuole vincere la guerra, e non semplicemente le singole battaglie, non si deve mai scendere a patti con il nemico. E nemmeno dargli la sensazione di volere scendere a patti.

Cosa nostra non verrà sconfitta in modo definitivo fino a quando ci sarà anche un solo mafioso che trovi in un esponente del potere istituzionale la disponibilità al compromesso; fino a quando si continuerà a ritenere che il criterio dell'opportunità politica possa prevalere sulla doverosa applicazione della legge; fino a quando l'ostilità preconcetta nei confronti della magistratura e delle sue inchieste verrà sconsideratamente e pericolosamente alimentata da una parte così consistente della classe dirigente. Se ciò continuerà ad accadere, il sentire mafioso, purtroppo ancora duro a morire nella nostra società, troverà sempre nuovi spazi di pericolosa espansione.

7
Cosa c'è dietro un omicidio politico?

Prospettive parallele

Mi sono a lungo occupato di indagini riguardanti gli omicidi eccellenti commessi a Palermo negli anni Ottanta e Novanta. In quel periodo Cosa nostra uccise esponenti politici come Piersanti Mattarella e Pio La Torre; magistrati come Gaetano Costa, Rocco Chinnici, Antonino Saetta e, successivamente, Giovanni Falcone e Paolo Borsellino. Furono tutti omicidi strategici per l'organizzazione, e dal forte valore simbolico per il livello del bersaglio che veniva colpito. Alcuni importanti aspetti di queste tragiche vicende sono stati ricostruiti fin nei dettagli da inchieste e processi. Tanti organizzatori ed esecutori sono stati condannati in via definitiva. È giusto sottolinearlo, in un Paese in cui altre stragi e altri delitti eccellenti sono rimasti impuniti.

Ma restano ancora tanti interrogativi e il dibattito degli ultimi decenni è stato particolarmente vivace. Qualcuno, sostenitore dell'esistenza e dell'operatività criminale di un cosiddetto «terzo livello» sovraordinato ai vertici di Cosa nostra, tende ad accreditare questi omicidi come materialmente commessi dalla mafia su mandato di altri. C'è invece chi, al contrario, sostiene che Cosa nostra non ha mai preso ordini da altri e ha organizzato ed eseguito quegli omicidi eccellenti soltanto per autonoma iniziativa e per il raggiungimento di propri, specifici ed esclusivi, interessi criminali. Sono convinto che entrambe le visioni pecchino per eccessiva genericità e meritino qualche spunto di riflessione e approfondimento più articolato, che meglio si attagli alla specificità di ogni delitto.

Una disamina complessiva di quanto è emerso dai processi ci porta a una conclusione in parte diversa, che lascia intravedere dietro ogni omicidio eccellente una convergenza di interessi mafiosi e di altri poteri, di volta in volta politico-istituzionali, imprenditoriali o finanziari. Tale convergenza si è manifestata con modalità differenti.

C'è una prima forma – solo all'apparenza meno allarmante – di compenetrazione fra la mafia e altri poteri. È stata efficacemente tratteggiata dal collaboratore di giustizia Antonino Giuffrè, nel momento in cui ha descritto la genesi delle stragi del 1992. Da ex componente della commissione provinciale di Cosa nostra, Giuffrè ha ricordato come il vertice dell'organizzazione dispose dei veri e propri sondaggi per conto di Riina e Provenzano, prima di passare alla fase esecutiva degli eccidi che costarono la vita a Giovanni Falcone e Paolo Borsellino. Per sondaggio, spiegava il pentito, doveva intendersi quella che i mafiosi chiamano «tastata di polso» in altri ambienti di potere, in prevalenza politici, massonici e imprenditoriali; uno studio preventivo per capire quali sarebbero state le reazioni nel caso in cui l'organizzazione avesse deciso e attuato l'eliminazione di un determinato bersaglio. Cosa nostra non ha mai tralasciato di procedere alla «tastata di polso» prima di ogni omicidio eccellente. L'organizzazione mafiosa non ha la vocazione del kamikaze, non ha mai omesso di valutare preventivamente, a fronte di ogni vittima di alto livello, la prevedibile reazione del potere e dell'opinione pubblica che conta. Così è passata all'azione solo quando ha ritenuto che il delitto avrebbe portato un vantaggio; quando fra i pro e i contro sarebbero comunque prevalsi i primi; quando ha avuto la certezza che ambienti significativi del potere avrebbero condannato solo a parole – e invece in sostanza gradito – l'eliminazione di un personaggio anche per loro scomodo. In casi del genere, non si può agevolmente sostenere una responsabilità penale dei soggetti esterni sollecitati da Cosa nostra; tuttavia sarebbe miope negare che il momento della convergenza di interessi, con la constatazione del gradimento o della specifica non opposizione, abbia comunque costituito un'importante concausa nella decisione mafiosa di eliminare quel determinato bersaglio.

In altri casi le indagini hanno dimostrato qualcosa di più. Cosa nostra ha compiuto alcuni omicidi eccellenti nella precisa consapevolezza di rendere un favore ad ambienti politici e di potere, che vivevano l'attività della vittima come un ostacolo, un fastidio o un pericolo. Tale aspetto emerge in modo molto chiaro, ad esempio, nelle parole del pentito Giovanni Brusca. Secondo la sua ricostruzione, alcuni omicidi politici – in particolare quelli del segretario provinciale della Dc Michele Reina, nel 1979, e del presidente della Regione Piersanti Mattarella, nel 1980 – sarebbero stati organizzati da Cosa nostra nella consapevolezza di rendere una «cortesia» ad ambienti e personaggi politici, nello specifico a quel Vito Ciancimino da sempre in stretto collegamento con Bernardo Provenzano. Ecco perché in questi casi possiamo cogliere un momento più incisivo e più insidioso della convergenza di interessi diversi: non più il semplice sondaggio, la mera previsione di un sostanziale gradimento esterno, ma la resa di un favore a chi inevitabilmente lo dovrà restituire quando Cosa nostra batterà cassa.

Chinnici, omicidio su commissione

La convergenza degli interessi mafiosi con quelli di poteri diversi si è caratterizzata, in altri casi, per una compenetrazione ancora più decisiva e significativa, anche nell'ottica della configurazione di scenari di vero e proprio concorso nel reato.

Un esempio evidente è costituito dalla genesi dell'omicidio del consigliere istruttore Rocco Chinnici. Era un magistrato inviso a tutta l'ala militare di Cosa nostra, certo, ma il via ai preparativi per l'attentato nei suoi confronti arrivò – addirittura un anno prima rispetto a quel tragico 29 luglio 1983 – da Nino e Ignazio Salvo. Sarebbe un grave errore considerare questi due personaggi esclusivamente alla stregua di importanti mafiosi: in quel momento, i Salvo erano i veri padroni della Sicilia anche dal punto di vista imprenditoriale. Lo ricorda la sentenza emessa nel 2000 a seguito del secondo processo per la strage Chinnici, che ha visto fra gli imputati Salvatore Riina e altri quindici boss delle più potenti famiglie mafiose di Palermo. Il primo processo era stato invece celebrato negli anni Ottanta, nei confronti di Michele Greco e altri, e si era concluso con un nulla di fatto.

Dunque, i Salvo. Erano diventati il più solido potentato economico dell'isola, grazie alla gestione esclusiva in tutto il territorio siciliano del servizio esattoriale, e costituivano soprattutto l'aggancio più concreto e importante tra la mafia e la politica nazionale, in particolare la corrente andreottiana della Democrazia cristiana. Era questo lo spessore concreto dei cugini originari di Salemi, entrati nel mirino investigativo del consigliere Chinnici fin dall'inizio degli anni Ottanta.

Fa un certo effetto, oggi, rileggere le dichiarazioni di

tre testimoni che, senza alcuna remora, subito dopo la strage misero a verbale le proprie conoscenze sui progetti e gli intendimenti manifestati da Chinnici poco prima di morire: aveva scoperto il ruolo dei cugini Salvo e stava lavorando per arrestarli. Quei testimoni che si espressero in termini così chiari e precisi erano coraggiosi uomini delle istituzioni. Paolo Borsellino, Ninni Cassarà e l'allora capitano dei carabinieri Angiolo Pellegrini. Ai giudici di Caltanissetta, che li ascoltarono subito dopo la strage del 29 luglio 1983, riferirono senza mezzi termini le intenzioni del dottor Chinnici e la sua volontà di considerare per la prima volta in un disegno unitario di indagine tutti i delitti politici fino ad allora verificatisi. Il pensiero di quelle testimonianze, che avevo già letto nei vecchi atti del primo processo, occupava la mia mente mentre verbalizzavo le dichiarazioni di Giovanni Brusca, all'inizio della sua collaborazione. Era il 1996 e l'ex capo mandamento di San Giuseppe Jato confessava per la prima volta la sua partecipazione diretta all'esecuzione della strage Chinnici, raccontando nei minimi dettagli ogni aspetto organizzativo e indicando con precisione i nomi e i ruoli dei suoi complici. Ma c'era di più: Brusca conosceva anche i retroscena della decisione di uccidere il magistrato. Quando li riferì, ne colsi subito la drammatica esemplarità. Si era infatti tenuta una riunione in contrada Dammusi, a San Giuseppe Jato, fra Nino Salvo, Bernardo Brusca (il padre di Giovanni) e Salvatore Riina. Al termine dell'incontro, Riina chiamò Giovanni Brusca e gli disse: «Finalmente è venuto il momento di rompere le corna a Chinnici, mettiti a disposizione di don Nino». Il giorno successivo, Nino Salvo accompagnò Brusca a Salemi, nel Trapanese, dove il giudice aveva una casa di campagna. I sopralluoghi per l'attentato iniziarono subito. Poi Cosa nostra cambiò programma, a causa di alcune difficoltà logistico-operative, e decise che sarebbe stato meglio realizzare la strage a Palermo. Il giudice e i carabinieri della sua scorta furono uccisi con un'autobomba, che per la prima volta trasformò la zona residenziale della città in un vero e proprio scenario di guerra. «Palermo come Beirut» scrissero i maggiori quotidiani nazionali all'indomani della strage.

Le parole di Brusca e i numerosi riscontri emersi nel processo non lasciano spazio a interpretazioni: questa volta, Cosa nostra aveva agito su input di altri. A dare il via era stato un vero e proprio potentato economico-politico, costituito da soggetti la cui autorevolezza criminale – e la conseguente legittimazione a fare una simile richiesta – derivava dall'inserimento in un circuito esterno all'organizzazione mafiosa. Nino e Ignazio Salvo avevano potuto chiedere e ottenere un omicidio eccellente di quel tipo proprio perché rappresentavano lo snodo più importante di contatto e penetrazione nel potere politico nazionale, cosa che in quel momento veniva chiaramente percepita in tutta la Sicilia, non solo dai mafiosi.

Se fossero stati ancora vivi, anche i cugini Salvo sarebbero stati condannati con ogni probabilità per la bomba che stroncò la vita del consigliere Chinnici, dei carabinieri della scorta – il maresciallo Mario Trapassi e l'appuntato Salvatore Bartolotta – e del portiere dello stabile di via Pipitone Federico, Stefano Li Sacchi. Solo per un caso fortuito si salvò l'autista di Chinnici, Giovanni Paparcuri. Ma non è stato possibile portare alla sbarra i Salvo come mandanti di quella strage. Le dichiarazioni di Brusca e di altri collaboratori di giustizia sono arrivate troppo tardi. Nino era già deceduto durante il maxiprocesso, dopo una grave malattia. Ignazio venne ucciso il 17 settembre 1992 nella sua sontuosa villa di Santa Flavia, anche lui come Lima nell'ambito della strategia di vendetta di Cosa nostra contro coloro che non avevano saputo o voluto impedire le condanne del maxiprocesso in Cassazione. Ma i loro nomi restano comunque scolpiti nella ricostruzione meticolosa dei giudici della Corte d'assise nissena, che nel 1998 ha condannato sedici fra organizzatori ed esecutori di quel delitto eccellente. Quella sentenza rappresenta un documento storico: costituisce uno spartiacque decisivo per contrastare l'idea diffusa, ma non del tutto veritiera, che Cosa nostra abbia sempre agito esclusivamente per determinazione di Riina e pochi altri suoi fiduciari. È una pronuncia giudiziaria alla quale sono orgoglioso di aver contribuito nel mio ruolo di pubblico ministero, e che attesta quanto i rapporti perversi fra mafia e potere politico-istituzionale abbiano influito anche sui più gravi fatti di sangue della nostra storia recente.

Agli atti del processo di Caltanissetta sono rimaste le tante intuizioni di Chinnici, ma anche tracce inequivocabili della sua profonda solitudine. Mi ha sempre colpito leggere il testo della sua audizione davanti al Consiglio superiore della magistratura. Mancava poco più di un anno a quel maledetto 29 luglio 1983; Chinnici descrisse una Palermo sonnolenta e un ambiente giudiziario in cui i pochi magistrati che si occupavano di criminalità mafiosa erano visti con fastidio da tanti altri colleghi, e nella migliore delle ipotesi si sentivano ripetere: «Ma chi te lo fa fare, non puoi continuare a campare così». Era un riferimento al pericolo, alle tensioni, alle limitazioni della libertà che derivavano dalla condizione di scortato.

Studiando meglio i verbali del primo processo mi accorsi poi che tanti esponenti delle istituzioni non avevano raccontato tutto ciò che sapevano. Solo Borsellino, Cassarà e Pellegrini avevano riferito dell'intenzione di Chinnici di incriminare i Salvo. Altri erano stati più sfumati e imprecisi. Altri ancora, come il già menzionato dirigente della squadra mobile Ignazio D'Antone, avevano perfino cercato di smentire quello che Cassarà aveva messo a verbale. Mi sembrò di rivivere in quella vicenda processuale tante altre storie, alcune di stretta attualità, segnate da una spaccatura profonda fra chi – anche da testimone – non ha mai avuto paura ed è andato avanti a ogni costo, e chi, assumendo atteggiamenti reticenti e giurando il falso persino in Corte d'assise, si è mostrato più sensibile alla necessità di non inimicarsi il potere piuttosto che all'obbligo della verità. Non è un caso se, qualche tempo dopo la testimonianza di Cassarà, fu intercettata una telefonata fra Nino Salvo e un importante avvocato palermitano, Vito Guarrasi. Ridevano, commentando le dichiarazioni del funzionario di polizia. E a un certo punto, Guarrasi disse: «Continua a dare *tumpulate*, e noi altri che glievl'abbiamo data prima di lui... No?». In dialetto siciliano, le *tumpulate* sono i ceffoni. Il nastro di quella cassetta non si trova più, ma è rimasta una trascrizione che ci permette di ripercorrere gli avvenimenti di quei giorni.

Anche a Chinnici era stata data una *tumpulata* sonora perché si era sovraesposto. Tanto con le sue indagini, quanto a causa del comportamento meschino e incosciente di altri magistrati e capi degli uffici del distretto palermitano. Nel suo diario, Chinnici ha lasciato un significativo riferimento a un colloquio con il presidente della Corte d'appello Pizzillo; dopo avergli ricordato che un giudice istruttore non aveva mai scoperto niente, Pizzillo lo rimproverava del fatto che le indagini bancarie di Giovanni Falcone stessero rovinando l'economia palermitana, e lo invitava a sommergere il sottoposto «di processetti» per paralizzare quelle inchieste. Da una simile testimonianza emerge uno spaccato desolante: all'interno di un vero e proprio palazzo dei veleni, una sparuta pattuglia di magistrati antimafia era costretta per fare il proprio dovere a evitare innanzitutto insidie e tranelli tesi dai propri colleghi.

Si continua a parlare poco del caso Chinnici ma quella vicenda ha segnato una tappa fondamentale nella comprensione di Cosa nostra, evidenziando in modo definitivo come l'organizzazione abbia agito talvolta in sinergia e su mandato di altri poteri, anche nel caso di delitti eccellenti. A conferma che l'ottica della convergenza di interessi e del reciproco scambio è, e rimarrà sempre, nel dna dell'organizzazione mafiosa siciliana.

Convergenza di interessi

Nel tragico panorama dei delitti eccellenti, fu un caso isolato l'ordine di morte lanciato dagli esattori Salvo per stroncare la vita al consigliere istruttore Rocco Chinnici? Dobbiamo attenerci ai fatti: a questo proposito i pentiti non hanno offerto molti altri spunti utili per andare oltre le responsabilità della commissione provinciale di Palermo e di quella regionale. Però, a offrirci tracce di riflessione, ci sono i discorsi dei mafiosi arrivati direttamente dal mondo segreto di Cosa nostra grazie alle microspie. Da tali tracce dobbiamo ripartire per tentare di completare il nostro percorso verso la verità.

Anche in questo senso, ad esempio, si rivelano interessanti le parole pronunciate da Giuseppe Guttadauro nel suo salotto. In uno dei tanti dialoghi intercettati, l'ex aiutoprimario afferma a proposito dell'omicidio del prefetto

Carlo Alberto dalla Chiesa: «Ma chi cazzo se ne fotteva di ammazzare dalla Chiesa… Andiamo, parliamo chiaro…». E passa quindi in rassegna le pesanti conseguenze derivate da quella e da altre stragi: «Non l'ho capito questo spingere determinate esasperazioni. Perché farci mettere nel tritacarne?». Poi però il discorso del capomafia con il suo interlocutore, in quel caso Salvatore Aragona, si fa misterioso. «Salvo, noi a parole non possiamo risolvere e capire tutte cose. Ci sono delle cose che io non dirò mai, non mi usciranno mai» proseguiva il padrino, e aggiungeva: «Te lo scrivo, chiudiamo il foglio e poi te lo faccio leggere». Guttadauro non ha mai vuotato il sacco. Dopo aver scontato una pesante condanna al 41 bis, è uscito dal carcere e ha scelto di stabilire la sua residenza lontano da Palermo.

Quel tema così scabroso, l'omicidio del generale dalla Chiesa, è stato di recente ripreso da Salvatore Riina, proprio a riguardo di complici e interessi esterni rispetto alla fase organizzativa che egli stesso aveva curato con grande attenzione. Il boss manifesta tutto il suo orgoglio criminale per la perfetta riuscita dell'esecuzione, ma poi lascia intuire la sua consapevolezza del protagonismo e dell'interesse di altri. Dice: «A dalla Chiesa ci svaligiarono dentro, e gli hanno preso tutte cose». Queste parole sono il pretesto che Riina utilizza per delineare un contesto più ampio e inquietante, in cui egli stesso assume implicitamente la veste di una delle pedine dello scenario. E, subito dopo aver parlato di dalla Chiesa, afferma: «I discorsi a Palermo sono… sono assai, tutti grossi e tutti, tutti bomb… tutti, tutti morti, morti, morti di tanti livelli».

Già nel lontano 1993 le microspie avevano registrato parole inquietanti in tal senso. L'inchiesta era quella sulle stragi di Capaci e via D'Amelio. Da poco era stato rapito

Giuseppe Di Matteo, il figlio dodicenne del collaboratore di giustizia Santino; quest'ultimo aveva confessato il suo ruolo nelle fasi preparatorie dell'attentato di Capaci, ma aveva negato con ostinazione qualsiasi conoscenza in merito all'eccidio di via D'Amelio. Il 14 dicembre facemmo in modo di farlo incontrare con sua moglie, all'interno di un ufficio della Dia di Roma. Era la prima volta che i coniugi si vedevano dopo il rapimento. In quel dialogo dai toni convulsi, la moglie del collaboratore parlò di «qualcuno della polizia» che era «infiltrato». Fece riferimento all'omicidio di Borsellino, disse di aver paura. Ci sembrò che la signora temesse nuove rivelazioni del marito proprio sulla strage di via D'Amelio, e lo invitasse al silenzio. Pensammo subito che il sequestro del figlio del collaboratore potesse avere uno scopo di feroce intimidazione preventiva, per non fargli rivelare particolari scabrosi sull'uccisione di Paolo Borsellino, e ne sono tuttora convinto. Tra l'altro, per effetto del regime processuale allora vigente, l'eventuale ritrattazione delle dichiarazioni già rese dal pentito sulla strage di Capaci non avrebbe di fatto sortito alcun effetto per gli imputati: quelle dichiarazioni, ormai a verbale, si sarebbero potute utilizzare comunque. Credo dunque che l'agitazione della moglie di Di Matteo si riferisse ad altro; proprio alla strage di via D'Amelio e al ruolo che qualche infiltrato avrebbe avuto nella preparazione e nell'esecuzione di quell'eccidio. Lo stesso scenario è stato delineato, anni dopo, anche da Gaspare Spatuzza, che ha parlato della misteriosa presenza di un uomo non appartenente a Cosa nostra nel garage dove la Fiat 126, che egli stesso aveva rubato, fu imbottita di esplosivo.

Interrogai a lungo Di Matteo e sua moglie, la signora Franca Castellese, sul senso e sui motivi delle parole colte dalla microspia. Affermarono con insistenza di non ricordare il perché di quelle parole e di non avere alcuna conoscenza specifica sulla strage del 19 luglio. Le loro dichiarazioni non mi hanno mai convinto.

D'altra parte, l'attentato a dalla Chiesa e quello di Capaci non sono gli unici argomenti sui quali sussistono dubbi e interrogativi. Lo stesso Salvatore Riina ha pronunciato parole singolari e inquietanti sulle stragi del 1993. Ancora durante le sue passeggiate nel carcere milanese di Opera, fa ad esempio riferimento all'eccidio di via dei Georgofili. Afferma: «Io di Palermo me ne devo andare a Firenze? Perché me ne devo andare a Firenze?». Poi aggiunge: «Dentro la mia casa metto le cose, li prendo e li metto a bollire. Non ha capito niente nessuno, non le capiscono le cose... Si prestano al gioco degli altri». Chi sono questi altri? Riina li insulta: «Queste simulazioni, questi imbecilli, questi miserabili». Lorusso chiosa: «Si prestano al gioco». E lui riprende l'espressione: «Si prestano al gioco questi miserabili, perché tu come fai il massone? Chi ti ha fatto massone? Tu quando hai fatto il giuramento che cosa hai fatto?». Sembra dunque fare riferimento ad altri mafiosi, quelli che hanno «fatto il giuramento». Poi aggiunge: «Imbroglioni tutti quanti, sono tutti sbirroni e tutti infamoni».

Parole del genere ci convincono che le indagini sulle stragi e sui delitti eccellenti devono continuare, per approfondire i tanti aspetti rimasti ancora oscuri e quelli evidenziati dai processi già celebrati. Tutti elementi che ruotano attorno al tema del possibile – e sempre più probabile – intreccio di volontà non solo mafiose nell'ideazione di delitti che hanno condizionato il corso della nostra storia recente. Una democrazia compiuta e uno Stato autorevole non possono permettersi di dimenticare il dovere di compiere, ora e sempre, ogni sforzo per illuminare simili zone d'ombra. Noto invece il desiderio, diffuso a molti livelli e in ambienti diversi, di archiviare definitivamente il capitolo delle stragi. Come se si trattasse del fastidioso retaggio di un passato ormai chiuso e da dimenticare. Spero che ora e in futuro le procure competenti, insieme con la Procura nazionale antimafia, sappiano trovare lo slancio e l'entusiasmo per continuare a ritenere primario e inderogabile l'impegno nel completare il percorso di verità su quanto accaduto in quegli anni; anche se oggi la strada appare sempre più in salita e irta di difficoltà e insidie. Non si tratta di perseguire teoremi, ma di completare percorsi tracciati sulla base di prove concrete e in gran parte già vagliate nella loro significativa solidità, anche da più collegi giudicanti.

8
Quali favori si scambiano mafia e massoneria?

Le logge dei capimafia

Quando si tratta di affrontare i rapporti fra Cosa nostra e organizzazioni esterne, Salvatore Riina se ne tira sempre fuori. Lui si ritiene un puro, un uomo d'onore e basta. In carcere, ha spiegato al suo compagno di ora d'aria che era «questo signor Stefano Bontate» il «capo siciliano della massoneria». L'ha ripetuto due volte: «capo siciliano della massoneria», come a ribadire l'importanza del ruolo. Ma anche, credo, il suo stupore nei confronti di un mafioso di rango che rivestiva una carica così autorevole all'interno delle logge. Riina sostiene che Bontate svolgeva questo compito assieme a Pierluigi Concutelli – neofascista al vertice di Ordine Nuovo e condannato all'ergastolo per l'omicidio del sostituto procuratore Vittorio Occorsio, titolare di indagini sugli ambienti della destra estremista – e a un «altro ricco palermitano». Indicazioni che, pur restando misteriose, destano di certo un particolare interesse. Negli stessi anni cui fa riferimento il boss, infatti, Bontate iniziava a coltivare i suoi rapporti con l'imprenditore milanese Silvio Berlusconi che, si seppe poi, era titolare della tessera 1816 della loggia massonica P2. Il riferimento a Concutelli evoca invece quel golpe Borghese che, alla vigilia dell'Immacolata del 1970, doveva essere appoggiato dai vertici mafiosi dell'epoca. Si delinea dunque un perverso collegamento criminale fra settori della destra eversiva, mafiosi e massoni; un collegamento che riaffiora sempre in coincidenza della fasi ideative e preparatorie delle più efferate stragi che hanno insanguinato il nostro Paese, dall'attentato al rapido 904 in poi.

Nell'affrontare l'argomento Riina si fa persino più enigmatico del solito, ma quei personaggi li definisce in modo chiaro: «Loro tre, dirigenti della massoneria siciliana». E aggiunge, a beneficio del suo interlocutore: «Hai capito queste persone come erano raccomandate? Un poco di questo, un poco di quello». Parole che ci offrono uno spaccato dall'interno del mondo di Cosa nostra, per questo le richiamo ancora una volta. Al di là dei nomi, infatti, Riina associa l'appartenenza alla massoneria alla garanzia di acquisire sempre nuovi spazi di vero potere; un'espansione fondamentale e del tutto peculiare se vale una citazione di Stefano Bontate, il boss che Riina ha odiato tanto da farlo uccidere all'inizio della guerra di mafia degli anni Ottanta. E dunque, se pur in modo indiretto, Salvatore Riina ci propone qui anche il tema del contrasto violento fra fazioni diverse di Cosa nostra. Visioni distinte e lontane del concetto di ortodossia criminale mafiosa: da una parte l'organizzazione nella sua dimensione più aggressiva, dall'altra lo schieramento dei palermitani, mafiosi dei salotti buoni. Un contrasto che sfociò nella storica guerra tra famiglie, e coinvolse anche chi a esse faceva capo: i colletti bianchi amici o al servizio del mafiosi. Complici più o meno illustri, pronti a spostarsi e a riciclarsi da una fazione (quella di Bontate, Badalamenti e Inzerillo) a un'altra (quella vincente dei corleonesi). Per imprenditori, politici, esponenti collusi delle istituzioni era evidentemente importante continuare a relazionarsi con il vertice di Cosa nostra, anche se quel vertice era cambiato, rivoluzionato dalla micidiale macchina da guerra corleonese.

Riina, in realtà, non rivela alcunché di veramente inedito a proposito di Bontate. Già negli anni scorsi, alcuni collaboratori di giustizia avevano spiegato che il padrino chiamato da tutti il Principe di Villagrazia era anche un autorevole esponente della massoneria più riservata di Palermo. Qualcuno ha anche accennato alla sua appartenenza a una loggia segretissima, quella dei Trecento, detta pure dei Normanni. Si tratta di un'affiliazione che richiama le frequentazioni illustri di Cosa nostra palermitana nella Sicilia degli anni Settanta. Uno specchio di quei dei tempi e di quello stile mafioso. Non sappiamo cosa accadde alla loggia dei Trecento dopo la morte di Bontate. Sappiamo però che anche il commercialista di Riina, Pino Mandalari, era un gran maestro massone, come emerso dal processo a suo carico. Dunque, se pure i capimafia corleonesi non hanno proseguito la tradizione della doppia affiliazione, hanno mantenuto comunque legami stretti con le logge. Troppo importanti quei rapporti, utili a ogni necessità, per essere abbandonati in nome della ideale ortodossia dell'uomo d'onore. In realtà, Mandalari era molto di più di un commercialista: era un consigliere economico, il regista di importanti società che hanno definito la storia degli investimenti mafiosi. È dunque evidente come tanti degli affari dei boss corleonesi siano maturati in ambienti massonici. Ma formalmente era Mandalari il gran maestro, non certo Riina, che così può ribadire la sua purezza criminale rispetto ad altre organizzazioni più o meno deviate. Nei discorsi che abbiamo intercettato sostiene addirittura di essere «diventato un re», e un re ritiene di essere lui il massimo esponente di un consesso. Un re, per altro, che si autodefinisce «terrificante» ma anche un «gran pensante», dunque in grado di esercitare il comando militare dopo averne pianificato le strategie.

Questa è la visione di Salvatore Riina, attento come sempre a ribadire l'autonomia mafiosa. Ciò non toglie però che altri mafiosi, anche durante il regno corleonese, possano aver deciso invece di avere una doppia affiliazione. Anzi, è esattamente quanto emerge da diverse indagini. Perché le logge massoniche deviate hanno sempre costituito una grossa tentazione per gli uomini d'onore, alla ricerca spasmodica di relazioni e contatti da cui trarre vantaggi. Così come, in modo speculare, per conseguire i propri interessi i massoni possono sempre trovare utile ricorrere alla violenza e alla capacità di intimidazione dei mafiosi.

Stanze di compensazione

Nel corso della storia di Cosa nostra, le indagini si sono addentrate più volte nei terreni misteriosi in cui il mafioso ha incontrato il massone. A volte per iniziativa dell'uno, a volte dell'altro. Era un esponente delle logge il notaio che avvicinò uno dei giudici del processo per l'omicidio del capitano Basile, in cui erano imputati tre pericolosi boss. Erano invece dei mafiosi le persone a cui si rivolse un massone doc come Michele Sindona quando, nel 1979, ebbe la necessità di fuggire dagli Stati Uniti e fingere un rapimento. Il collaboratore di giustizia Angelo Siino, a sua volta appartenente alle logge, ci ha raccontato che in quei giorni Sindona proponeva l'affiliazione massonica ai mafiosi più importanti che incontrava. E fra i suoi ospiti c'era sicuramente Stefano Bontate. Erano gli anni della svolta per l'organizzazione, la vigilia della guerra di mafia che avrebbe disegnato diversi equilibri di potere e profilato nuovi affari. Uno su tutti, la sanità: nel 1981, nel pieno della faida ordita da Salvatore Riina, il suo principale complice, Bernardo Provenzano, gestiva attraverso fidati prestanome una rete di società che riforniva ospedali e aziende sanitarie. Già da allora la sanità siciliana è un affare milionario, oltre che il terreno di incontro privilegiato tra mafia, politica e massoneria. È l'esempio classico di cosa sia una «stanza di compensazione», un luogo di incontro fra più forze di potere.

Il pentito Rosario Spatola ha spiegato che il rapporto fra mafia e massoneria è stato sempre di reciproco interesse: «Cosa nostra ha bisogno della massoneria per poter entrare in contatto con certi circoli del potere, mentre la massoneria ha bisogno di Cosa nostra per controllare il voto sul territorio». Un vero e proprio patto di scambio, dunque, che necessita di luoghi fisici di incontro per realizzarsi. In fondo è questo il metodo più semplice, naturale, veloce e sicuro per accordarsi: sotto il tetto di una loggia deviata si può discutere meglio, senza bisogno di ulteriori presentazioni. Spatola riferisce l'esperienza di uno scambio favori-voti, ma credo che la casistica possa essere più ampia. E, infatti, ogni collaboratore di giustizia che ha parlato di questi temi ha prospettato un'ottica diversa. Potremo dire che ha fatto luce su un piccolo segmento di una storia ancora oscura nel suo insieme. Ad esempio, il già citato Angelo Siino ci ha riferito una confidenza che gli fece un autorevole appartenente alla massoneria: «Mi mise in guardia dalle indagini di Falcone sulle relazioni e gli interessi mafiosi che coinvolgevano colossi dell'imprenditoria nazionale. "Se non lo trasferiscono verrà ucciso" disse». E nel 1991 Falcone fu costretto ad andare via da Palermo, perché era ormai diventato impossibile per lui lavorare al palazzo di Giustizia. Un altro pezzo della stessa storia ci viene offerto dall'ex componente della Cupola mafiosa Antonino Giuffrè, che racconta la «tastata di polso» ordinata dai vertici di Cosa nostra, anche in ambienti massonici, poco prima della strage di Capaci. I boss volevano assicurarsi il gradimento pure fra i loro referenti nelle logge.

A questi squarci di luce segue un lungo vuoto di conoscenza, almeno fino all'estate delle stragi. Il pentito Giovanbattista Ferrante ricorda di aver sentito Riina mentre diceva a Matteo Messina Denaro: «I massoni *vosiru ca si fici chistu*». I massoni vollero che si facesse questo, ovvero le stragi. Sono tasselli di un discorso più ampio; tasselli rimasti purtroppo tali, spunti di conoscenza che però dovrebbero essere comunque letti in una dimensione unitaria. E a riconferma di ciò, un anno dopo la stagione terribile delle stragi le indagini si sono imbattute in un altro professionista massone, un medico, a cui i boss di Brancaccio chiesero di spiare i movimenti di don Pino Puglisi all'interno della sua parrocchia. Evidentemente lo si considerava la persona giusta per un'attività tanto delicata. Di certo, un insospettabile: quel professionista legato alle logge era anche attivissimo in chiesa. Lo riferisce il collaboratore Giovanni Drago al processo per l'omicidio del parroco di Brancaccio, ma non conosciamo nel dettaglio quali attività svolse l'ultimo massone a disposizione di Cosa nostra. O almeno, l'ultimo di cui sappiamo con certezza. Perché ritengo che altri, anche in tempi recenti, abbiano incontrato i mafiosi nelle solite stanze di compensazione. Il pensiero va a Trapani, tradizionalmente sede di numerose logge massoniche, come scoperto già negli anni Ottanta. Oggi, quella provincia è una frontiera per la lotta alla mafia, con il superlatitante Matteo Messina Denaro che non si riesce ad arrestare da vent'anni, chissà in virtù di quali protezioni altolocate.

Le liste ancora coperte

La misteriosa loggia dei Trecento era un luogo di incontro altolocato. Ma non era certo il solo. Durante le indagini sulla trattativa, io e i miei colleghi abbiamo convocato l'ex Gran maestro del Grande oriente d'Italia, Giuliano Di Bernardo: volevamo sapere perché nell'aprile del 1993 – proprio in coincidenza con quella campagna stragista ideata, secondo alcuni pentiti di mafia, anche in funzione di interessi e suggerimenti massonici – avesse improvvisamente deciso di dimettersi dalla carica di Gran maestro, dando vita a una scissione della storica loggia di cui era a capo. Di Bernardo ci ha fornito qualche elemento di sua conoscenza su articolati rapporti di alcuni iscritti alle logge con le famiglie mafiose siciliane e calabresi, ma ha rivelato anche altro. Ci ha parlato di pressioni da parte di Licio Gelli, l'ex Venerabile della loggia segreta P2, per essere riammesso in un alveo di massoneria legale. A tale scopo, verso la metà del 1992, uno dei suoi fedelissimi offriva al Gran maestro Di Bernardo la lista segreta degli aderenti alla P2 – la lista mai emersa nella sua interezza – come compenso per l'accoglimento dell'istanza di riammissione ufficiale nelle logge. Il solito metodo dell'offerta più allettante: la conoscenza di un segreto da utilizzare all'occorrenza come arma di ricatto o di protezione.

In questa luce, credo sia interessante continuare a riflettere sull'ipotesi storica dell'esistenza di una massoneria segretissima, ancora non svelata. Lo ritengo un tema, sociale e culturale, importante per la nostra società. In effetti già la commissione parlamentare sulla P2, presieduta da Tina Anselmi, l'aveva sollevato ma, come spesso accade, questo nostro Paese ha memoria corta. O, forse, qualcuno prova a rimuovere dalla coscienza collettiva le questioni più delicate. Ecco perché ai più giovani va probabilmente ricordato che una lista di 972 appartenenti alla loggia massonica P2 fu scoperta nella villa di Gelli a Castiglion Fibocchi, nel corso di una perquisizione disposta nel marzo 1981 dai giudici istruttori milanesi Gherardo Colombo e Giuliano Turone. Quei magistrati indagavano sul rapimento del finanziere Michele Sindona e finirono per imbattersi nel più grande scandalo della storia d'Italia. La commissione parlamentare Anselmi, creata alla fine del 1981, ritenne che la P2 fosse strutturata come due piramidi sovrapposte: i nomi della lista scoperta avrebbero costituito la piramide in basso, i nomi segreti la piramide superiore. Il punto di congiunzione delle due strutture sarebbe stato Gelli. In effetti, nel 1976, il Venerabile affermò in un'intervista al settimanale «l'Espresso» che gli iscritti alla loggia erano 2400. Anche altri appartenenti alla massoneria, ascoltati dalla commissione Anselmi, parlarono di una lista incompleta. Di certo c'erano solo i fini dell'organizzazione, espressi nel cosiddetto Piano di rinascita democratica, anche questo sequestrato nel corso dell'indagine: una sorta di diabolico cronoprogramma per controllare gli snodi del potere in Italia.

Nel racconto che ci ha fatto il professor Di Bernardo, quella lista misteriosa di nomi mai emersi rappresenterebbe il viatico per trattative che non sembrano mai essersi concluse. Gelli assicurava, tramite uno dei suoi fidati messaggeri, che con quei nomi si sarebbe potuto ricattare «l'Italia intera». E se pensiamo, anche solo per un attimo, al numero impressionante e al ruolo nevralgico di tanti piduisti appartenenti a strutture apicali delle forze dell'ordine e dei servizi di sicurezza, il quadro diventa davvero inquietante. Perché il potere criminale si fonda quasi sempre su informazioni riservate che vengono gestite in modo spregiudicato. In fondo, nel nostro Paese non sembra esserci molta differenza fra l'esercizio del potere adottato da Cosa nostra e quello di altre entità occulte: fanno entrambi del ricatto la loro forza e il loro metodo.

9
Come vengono trasmessi i segreti di mafia?

La linea gerarchica dei misteri

Ho raccolto le dichiarazioni di tantissimi collaboratori di giustizia – a volte erano esponenti di vertice dell'organizzazione mafiosa, a volte solo semplici uomini d'onore – e ho potuto constatare come l'importanza e la delicatezza delle informazioni in loro possesso non dipendessero sempre dal grado rivestito all'interno della gerarchia criminale. I segreti del potere mafioso hanno una diffusione peculiare, che taglia anche in modo trasversale l'organizzazione e coinvolge soggetti criminali considerati particolarmente affidabili, e perciò autorevoli, non per il grado ma per il loro carisma personale o per la professione svolta. In fondo, così accadde con Tommaso Buscetta e Salvatore Contorno: non ricoprivano alcun ruolo di vertice in Cosa nostra, eppure avevano tante di quelle conoscenze sui mafiosi, le famiglie e loro relazioni da diventare i primi grandi collaboratori di giustizia che furono. Proprio sulla base delle loro dichiarazioni si è fondato il maxiprocesso istruito dal pool di Falcone e Borsellino.

In tutti questi anni, dunque, ho imparato a non sottovalutare il ruolo di figure rimaste all'apparenza in ombra nell'ambito della criminalità organizzata. Ognuno di loro potrebbe nascondere un enorme tesoro di relazioni e conoscenze. Credo che anche di simili soggetti sia fatta oggi

Cosa nostra: giovani, spesso con un cognome che richiama vecchie dinastie mafiose, ma lontani dalla gestione ordinaria dell'organizzazione. Si occupano in preferenza di affari e sanno come muoversi dentro e fuori dai clan proprio in virtù delle conoscenze e dei segreti che detengono, acquisiti per tradizione familiare. Sì, perché la mafia siciliana continua a riprodurre sistemi di potere basati sul vincolo di sangue. Potremmo dire, di padrino in figlio. In fondo i segreti hanno bisogno di un ambito sicuro di trasmissione e la famiglia di sangue, entro certi limiti e pur con qualche importante eccezione, lo è tuttora, in quanto radicata su un sistema sociale e valoriale ancora molto forte in Sicilia. Così, nelle indagini di più stretta attualità ci imbattiamo sempre in cognomi già noti. Sono i figli, i nipoti, i parenti di vecchie glorie mafiose.

Perché questo discorso? Perché abbiamo bisogno di capire dove cercare le informazioni che ancora restano celate da una coltre di omertà. È chiaro che sarebbe auspicabile la collaborazione con la giustizia dei capimafia più importanti di Cosa nostra oggi rinchiusi al 41 bis, ma credo che ci possano essere anche altre strade da percorrere. I figli, i nipoti, i giovani cresciuti con gli insegnamenti e sotto l'ala protettiva dei capi storici di Cosa nostra sono diversi dai loro maestri. Rappresentano la generazione mafiosa che, per prima, ha dovuto provare a convivere con l'amaro sapore della sconfitta: gli ergastoli dei parenti, il 41 bis, i sequestri, i rapporti e i vincoli di sangue spezzati da detenzioni lunghe e severe, la riprovazione di una parte sempre più consistente del popolo. Tanti cittadini che prima cercavano e rispettavano il mafioso, oggi se ne allontanano, tentando di prendere le distanze magari soltanto per evitare contaminazioni pericolose o anche solo sospette. Ecco perché, proprio in questa fase storica di percepibile difficoltà interna alle cosche, lo Stato dovrebbe tornare a incentivare in modo chiaro e deciso le collaborazioni con la giustizia, per far sì che i potenziali detentori di questi segreti possano parlare. Non sarà facile, lo so. Ma bisogna tentare se vogliamo per davvero venire a capo di un pezzo di storia del nostro Paese.

Intanto, oggi possiamo dire che c'è stata una Cosa nostra organizzata secondo la gerarchia ufficiale, e una Cosa nostra strutturata sui segreti condivisi dai suoi appartenenti. Ebbi la sensazione chiara, plastica, di questa situazione indagando sulla famiglia mafiosa di Bagheria; non un clan come tutti gli altri, ma la diretta emanazione di Bernardo Provenzano, il più politico dei padrini, uomo di tantissime relazioni con la società legale. Ebbene, già a metà degli anni Novanta, la famiglia di Bagheria era il prototipo della Cosa nostra più misteriosa, fatta di mafiosi senza gradi ma con tanti segreti. Una ragnatela fitta e articolata portava allo stesso tavolo mafiosi «sparatori», abili e spregiudicati manager della sanità, facoltosi imprenditori edili attenti a coltivare relazioni politiche anche in quell'area di sinistra a loro prima tradizionalmente ostile, fiancheggiatori e semplici affiliati. Tutti maestri del doppio gioco, del ricatto, dei rapporti occulti con apparati dei servizi segreti. Il vero e proprio laboratorio di una Cosa nostra diversa dal passato. Più duttile, più fluida nei propri schemi di funzionamento, più laica e pronta al cambiamento. Ma, in fondo, per questo più insidiosa, più ambigua e più difficile da combattere. Una Cosa nostra che alimenta la sua potenza tessendo relazioni alte e riservate, ancor prima di ricorrere – solo se strettamente necessario – alla forza e all'intimidazione. La Cosa nostra di Bernardo Provenzano, e oggi di Matteo Messina Denaro.

Tutta la vita mafiosa di Provenzano è stata improntata

a questo tipo di relazioni riservate. Una delle più rilevanti era quella con l'ex sindaco di Palermo Vito Ciancimino, poi condannato per associazione mafiosa. Anche nel momento in cui non ricopriva più incarichi istituzionali importanti nemmeno nel partito, Ciancimino continuava a essere comunque lo snodo di molti segreti. Ed era potente per questo, non certo per il ruolo politico-istituzionale che non aveva più. Un esempio può chiarire: il giorno del suo arresto, nel novembre 1984, i poliziotti della squadra mobile trovarono nella sua cassaforte una lettera, anonima ma di sicuro ben informata: metteva in guardia l'ex sindaco dai primi controlli bancari disposti da Giovanni Falcone nei confronti di una cinquantina di imprenditori palermitani. Ecco qual era il potere di un politico mafioso, in contatto con una rete ristretta di boss: il potere della conoscenza e dei segreti, che in questo caso sarebbe servito per adottare subito le contromisure necessarie a fermare l'inedita intraprendenza di un magistrato intenzionato a guardare dentro i salotti buoni della città.

Negli anni scorsi, dopo le prime dichiarazioni del figlio di Vito, Massimo Ciancimino, ho recuperato dai polverosi archivi della procura i faldoni che contenevano la documentazione sequestrata al padre qualche tempo prima del suo arresto, il 29 settembre 1984, nell'elegante appartamento di via Sciuti a Palermo. Lo stesso appartamento nel quale l'ex sindaco (ce lo raccontano il figlio Massimo e altri collaboratori di giustizia del gruppo dei corleonesi) riceveva in vestaglia Riina e Provenzano per discutere di appalti e di finanziamenti, ma anche di politica e strategie. Sono rimasto impressionato dalla mole e dal contenuto dei documenti, spesso privi di attuale interesse investigativo ma certamente significativi dell'influenza e delle relazioni di Ciancimino. Cartoline, partecipazioni di nozze, lettere di auguri e di raccomandazione, telegrammi di condoglianze o di felicitazioni. Una rete trasversale a tutto il sistema di potere. Facoltosi imprenditori e importanti banchieri, ufficiali dei carabinieri, funzionari di polizia, ministri ed ex ministri, parlamentari, alti magistrati e persino vescovi e cardinali: tutti in amabili rapporti con quel Vito Ciancimino che già nella storica relazione di minoranza della Commissione parlamentare antimafia del 1976 era stato indicato come il principale e più attivo referente politico dei corleonesi, di Luciano Liggio, Salvatore Riina e Bernardo Provenzano. La stessa accusa che, pochi mesi dopo quella perquisizione, indusse il pool antimafia di Palermo ad arrestarlo e incriminarlo per associazione mafiosa.

La catena di trasmissione

Bernardo Provenzano utilizzava un canale riservato per trasmettere i pizzini più delicati e scabrosi. Lo abbiamo scoperto leggendo uno dei biglietti di Matteo Messina Denaro ritrovato dalla polizia nel covo del vecchio capomafia, a Corleone. Si sollecitava il ricorso a un canale diverso e ancora più riservato dei soliti per la trasmissione del nome di un politico: un contatto di alto livello, sicuramente da proteggere, per il quale non bastava il servizio assicurato da quel fidato postino che era Filippo Guttadauro, il cognato di Matteo Messina Denaro a cui Provenzano aveva assegnato un codice nel suo personalissimo ufficio di smistamento dei messaggi, il numero 121 scritto sul dorso di bigliettini che viaggiavano in lungo e in largo per la Sicilia.

Quella è l'unica volta in cui troviamo cenno a un contatto così particolare in un pizzino. È probabile, dunque, che tante altre volte sia stata utilizzata una comunicazione segreta mediante «postini» o «fermi-posta» riservatissimi. Non dobbiamo dimenticare però che il messaggio scritto, il pizzino, è solo uno dei metodi di trasmissione nel sistema di comunicazione a distanza utilizzato dai mafiosi. Al pizzino si ricorre per meglio tutelare il mafioso latitante, ma negli altri casi – e talvolta anche con i latitanti, quando si ritiene necessario – i mafiosi continuano ad affidarsi ai metodi tradizionali; si incontrano e si scambiano notizie e ordini come solo loro sanno fare. Bastano poche parole, questioni appena accennate, spesso un solo gesto o uno sguardo può rappresentare una volontà, una decisione, una presa di posizione. Perfino un ordine di morte.

Dunque, il discorso sui pizzini misteriosi – solo un segmento nel più ampio discorso sulla comunicazione mafiosa – deve per forza affrontare la questione dei messaggeri più segreti: sono loro a costituire la cinghia di trasmissione delle informazioni, cardine del sistema di potere di Cosa nostra. Possiamo ipotizzare che siano messaggeri insospettabili, ancora una volta lontani dalle gerarchie mafiose, dunque al riparo da sospetti e inchieste. Ambasciatori che continuano a veicolare e diffondere notizie e ordini scritti o verbali. Perché, anche nella società delle reti informatiche globali, sono convinto che i mafiosi continuino a fidarsi solo dei propri fedelissimi e a volerli guardare negli occhi nei momenti più importanti.

Taluni messaggi possono anche percorrere, almeno in parte, strade inedite: quelle di internet e dei social network. Altri devono necessariamente coinvolgere la partecipazione personale e l'incontro. Ma ormai da molti anni – da quando ha iniziato a diffondersi il fenomeno del pentitismo e si sono affinate le capacità investigative con le cosiddette indagini tecniche, ovvero quelle affidate alle intercettazioni – non è più il tempo delle riunioni plenarie di commissione, che hanno segnato la storia di Cosa nostra fino a tutti gli anni Ottanta. Sono dunque prevalse altre modalità di discussione, acquisizione del consenso e ripartizione organizzativa dei delitti, anche quando una decisione simile doveva coinvolgere per forza di cose decine di persone. Ecco dunque la frammentazione e le riunioni a gruppi di non più di cinque o sei elementi, che hanno caratterizzato tutte le fasi preparatorie delle stragi di Capaci e di via D'Amelio. Una nuova metodologia di coinvolgimento degli altri mafiosi che Riina utilizzò per ovvie ragioni di maggior cautela e minore visibilità a fronte del pericolo di essere scoperto dalle investigazioni. Ma, forse ancor di più, per ottenere un altro scopo: lui era così il solo che partecipava a tutti gli incontri e distribuiva i vari compiti operativi. Gli altri, anche capi mandamento importanti e storicamente vicini a Riina, conoscevano esclusivamente quanto era necessario per il ruolo e il contributo esecutivo che dovevano fornire.

Per questo motivo le indagini sulle stragi hanno consentito soltanto nel tempo di acquisire, progressivamente e spesso a distanza di anni, nuove informazioni su specifici segreti organizzativi e operativi. Sempre per questo è stato necessario celebrare più processi per gli stessi fatti. E per la medesima ragione, quelle indagini devono continuare con la stessa intensità di prima.

La rottura del vincolo

Fino a oggi nessun messaggero riservato ha mai rotto il patto di fiducia, decidendo di collaborare con la giustizia.

In compenso, molti figli di mafia hanno spezzato il legame che li stringeva ai padri in una morsa di segreti e progetti di morte. Ad esempio Calogero Ganci e Giovanni Brusca – rispettivamente figli di Raffaele Ganci e Bernardo Brusca, storici capisaldi dell'ascesa corleonese al potere – che nel 1996 hanno deciso di diventare pentiti. Ed è il caso anche di Vito Galatolo, l'ultimo collaboratore di giustizia che ha parlato del progetto di attentato nei miei confronti. Per l'organizzazione mafiosa è stato un colpo micidiale, perché la famiglia Galatolo dell'Acquasanta rappresenta uno degli ultimi baluardi dell'ortodossia mafiosa. Questa volta, però, le scelte personali hanno pesato più delle strategie e dei segreti dell'organizzazione. È un segnale importante, che andrebbe incoraggiato ulteriormente. Perché vedo un disagio sommerso all'interno del popolo di Cosa nostra, soprattutto per la rigidità delle condizioni carcerarie e per il susseguirsi di sequestri di beni, che hanno ridotto sul lastrico tanti clan.

Invece, molti altri figli di mafia non provano alcun disagio, anzi cercano di valorizzare al massimo i segreti che hanno ricevuto. È ormai il momento dei giovani. In fondo anche Matteo Messina Denaro è stato un giovane rampollo, e a lui sono stati affidati i segreti dei capimafia che hanno segnato la storia del Paese con gli eccidi del 1992-1993. E proprio Messina Denaro – lo affermano anche le sentenze definitive sulle stragi – indicò agli esecutori degli attentati nel Nord Italia (tra i quali Spatuzza, che ha confermato l'importante dettaglio) i beni monumentali che dovevano essere colpiti a Firenze, Roma e Milano.

Io non credo che una simile strategia possa essere frutto esclusivo della mente e della conoscenza di un giovane rampollo di mafia: sono sempre più convinto che dietro quelle indicazioni vi fosse il suggerimento di altre menti e intelligenze criminali. Anche per questo lo Stato deve porre fine alla troppo lunga latitanza di Messina Denaro. Per sgombrare il campo da un sospetto legittimo: che il protrarsi di quella latitanza sia connesso alla necessità di proteggere chi, ancora oggi, custodisce segreti indicibili relativi a mandanti e complici esterni di quella strategia stragista che, per la prima volta nel 1993, colpì il Centro e il Nord dell'Italia. Oggi, più che mai, è necessario scoprire i segreti dei nuovi rampolli di Cosa nostra.

10
Perché sono così difficili le indagini sul potere?

La solitudine del magistrato

Le sensazioni più immediate, forti e ricorrenti, quando ci si trova a condurre un certo tipo di indagine, sono la solitudine e la consapevolezza di camminare sul filo di un rasoio. Più vai avanti, più ti accorgi che eventuali errori, passi falsi o manchevolezze rischierebbero di compromettere il lavoro di anni e di incidere pesantemente e negativamente sulla tua vita professionale.

Non mi riferisco alle inchieste ordinarie di mafia. In quelle il pubblico ministero si sente parte di una squadra nella quale la polizia giudiziaria è parimenti protagonista, ti stimola, ti sostiene, protegge ed esalta il frutto del tuo lavoro. E anche la stampa e la gran parte della pubblica opinione sono più propense a guardare il lavoro dell'inquirente con gratitudine e tendenziale benevolenza.

Ogni cosa diventa molto più difficile, invece, nelle indagini che lambiscono le complicità di Cosa nostra con il potere. In questi casi, il più delle volte il pubblico ministero conduce l'inchiesta in prima persona; e lo fa in ogni suo passaggio, senza delegare alla polizia il compimento di atti spesso molto delicati. Penso a tanti interrogatori che ho condotto negli ultimi anni; ai ripetuti accessi negli archivi di importanti uffici pubblici o in quelli dei servizi di sicurezza, per cercare atti e documenti classificati come segreti. Ho raccolto e verbalizzato di persona le dichiarazioni di uomini politici, di comandanti generali dell'Arma dei carabinieri, di presidenti della Repubblica in carica o emeriti, di altissimi funzionari di polizia e dei più alti esponenti della burocrazia istituzionale. E, ancora, ho ascoltato come persone informate dei fatti tanti colleghi, anche molto più anziani e titolati di me. In questi casi ho avvertito la delicatezza di ogni passaggio e, qualche volta, ho percepito appunto un fastidioso senso di solitudine, anche nel contesto degli uffici giudiziari: sono tutte attività che ti mettono in potenziale conflitto con altri esponenti istituzionali; magari con chi, nella fisiologia della quotidianità, rappresenta il compagno o il collaboratore di lavoro, sia esso un collega o un esponente delle forze dell'ordine. Ma non è solo questo ad alimentare il senso dell'isolamento. Più insidioso ancora, infatti, è l'atteggiamento di tanti altri che, dentro e fuori le istituzioni, sono sempre pronti a sospettare la strumentalità del tuo lavoro e a spargere gratuitamente veleni e insinuazioni. È allora inevitabile e forte la percezione della diffidenza altrui sul tuo lavoro; una diffidenza il più delle volte non manifestata apertamente, ma che traspare in modo chiaro da discorsi appena accennati, atteggiamenti, sguardi, perfino da imbarazzati silenzi. Non ci si può però fare condizionare da un simile clima, perché il pericolo è concreto. La tentazione più insidiosa può essere quella di orientare il percorso investigativo o processuale in funzione del contesto esterno, magari semplicemente per smentire i detrattori o, al contrario, per conformarsi, per stanchezza o quieto vivere, ai loro auspici.

In questo clima ho condotto le indagini degli ultimi anni, insieme a valorosi colleghi come Antonio Ingroia prima e Vittorio Teresi, Francesco Del Bene e Roberto Tartaglia poi. Con ciascuno di loro ho condiviso le stesse sensazioni e lo stesso desiderio di continuare a cercare la verità malgrado tutto. Altri invece hanno preferito cercare la vicinanza con il potere politico, per bieche finalità di carriera e di potere. Mi sono reso conto come in passato magistrati e operatori di polizia abbiano utilizzato il loro ruolo non per appurare responsabilità penali o scoprire gli autori di fatti e delitti, ma per acquisire conoscenze da sfruttare ad altri scopi. Addirittura per ricattare le persone oggetto delle indagini o per entrare, insieme a loro, nel giro dei salotti che contano.

Anche per questo, le inchieste sulle collusioni tra mafia e istituzioni rischiano di creare nell'animo e nella mente di chi le conduce uno stato permanente di profonda disillusione. Allo stesso tempo, quando vengono condotte con serietà, rigore e imparzialità, esse consentono di acquisire una maggiore consapevolezza dei meccanismi di funzionamento reale del potere. Meccanismi troppo spesso, purtroppo, distanti dalle regole della Costituzione e delle leggi, come se quelle norme riguardassero solo i fessi e gli ingenui, e altre prassi meno virtuose valessero invece per chi siede a palazzo. Ed è proprio quando le istituzioni si allontanano dalle regole che la mafia e le altre organizzazioni criminali riescono a incunearsi all'interno dello Stato.

C'è poi un altro fenomeno che troppe volte si sottovaluta: quello delle cordate interne all'apparato statale, delle raccomandazioni e delle segnalazioni che consentono a un funzionario o a un ufficiale di fare una rapida carriera, oppure a un magistrato di essere destinato a importanti e strategici incarichi direttivi. Si tende pericolosamente a ridimensionare il fenomeno e ricondurlo a un normale malcostume. Nulla di più sbagliato. Si finge di dimenticare che proprio i fenomeni delle lobby trasversali, degli appoggi politici, delle cordate interne ai singoli rami dell'amministrazione pubblica, hanno aperto a Cosa nostra un varco per condizionare a suo favore il tessuto istituzionale. E così la mafia ha isolato magistrati indipendenti e operatori di polizia troppo solerti, ha aggiustato processi, ha orientato la condotta di amministratori locali e persino di esponenti parlamentari nel momento – il più alto e il più nobile – della loro funzione legislativa.

Noto che si sta diffondendo una certa rassegnazione all'ineluttabilità di alcuni fenomeni. Ma finché il favore si sostituirà al diritto, l'appartenenza al merito, la raccomandazione alla sana competizione, la nostra democrazia sarà tale solo di nome. E alto resterà il rischio di condizionamento mafioso.

Mafia e politica: una svolta culturale

Le riflessioni che ho esposto fin qui – frutto delle analisi sviluppatesi attorno a inchieste e processi seguiti di persona – dovrebbero aprire un dibattito ampio, perché oggi più che mai è necessario arginare il gravissimo rapporto fra la mafia e la politica. È ormai fondamentale, direi ineludibile, rivoluzionare e ribaltare un'impostazione culturale frutto di tante incrostazioni sedimentate nel tempo. È vero, rispetto a vent'anni fa sono stati fatti importanti passi avanti nella lotta alla mafia; ma tutti, o quasi, nella direzione del contrasto al suo ramo militare. Adesso è arrivato il momento di operare un salto di qualità decisivo, l'unico che può portarci alla svolta finale nella lotta contro il crimine organizzato. Dobbiamo convincerci una volta per tutte che la mafia non è fatta solamente di «ordinaria amministrazione criminale», ma anche e soprattutto di rapporti con il potere. Ragionando a partire da questa consapevolezza, tanti sono gli spunti di riflessione da prendere in considerazione. Mi sento di proporne alcuni, nella speranza che ciò possa contribuire a sviluppare nella direzione giusta un dibattito che langue, e che troppo spesso si ferma agli aspetti ordinari – talvolta persino folcloristici – della lotta alla mafia.

È innanzitutto necessario continuare ad applicare, quando se ne presentino le condizioni, la fattispecie del concorso esterno in associazione mafiosa nei confronti di chi, pur non essendo affiliato o comunque partecipe all'organizzazione, contribuisce in modo consapevole e fattivo al perseguimento dei suoi scopi criminosi. Ed è necessario continuare a fare ricorso a questa figura di reato con una consapevolezza precisa, che è dettata dall'esperienza concreta: per l'organizzazione mafiosa, l'apporto del concorrente esterno risulta ancora oggi, in molti casi, più importante rispetto a quello garantito dai soggetti inseriti nell'organico della compagine criminale. Si tratta di un contributo strategico, spesso decisivo per i clan nel superare i momenti di difficoltà e di fibrillazione. Momenti divenuti, in questi ultimi anni, sempre più gravi e numerosi, anche per l'intensificarsi e il perfezionarsi dell'azione delle procure antimafia e delle forze dell'ordine. Pensiamo al ruolo di medici, avvocati, commercialisti, professionisti in genere che continuano a rendere i loro favori all'organizzazione mafiosa. Spesso lo fanno non per denaro, ma per acquisire meriti, mossi dal pensiero che il mafioso sia comunque un'autorità da rispettare e sostenere.

Oggi, sono diventati tanti i detrattori del concorso esterno in associazione mafiosa, gli stessi che fingono di celebrare Giovanni Falcone e Paolo Borsellino, dimenticando come alla loro iniziativa risalgano le prime applicazioni di questa figura di reato. Altri autorevoli studiosi propongono invece di applicare al concorrente esterno una pena più lieve rispetto al semplice associato. Personaggi del genere dimostrano di non aver capito l'importanza e la gravità di un apporto consapevole esterno, il più delle volte fondamentale e insostituibile nell'ottica del raggiungimento delle finalità più alte e strategiche di Cosa nostra.

Ma c'è di più. Alla luce delle complicità politiche che le indagini continuano a fare emergere, il reato di concorso esterno in associazione mafiosa non basta. È necessario che a livello legislativo venga contrastato, finalmente in maniera efficace e incisiva, il sempre più diffuso fenomeno dello scambio politico-elettorale con la mafia. Oggi, i boss non si lanciano più nella competizione elettorale solo per una scelta ideologica. Appartiene ormai al passato, spazzata via dagli eventi di politica internazionale, perfino la pregiudiziale anticomunista di Cosa nostra, che per decenni ne ha caratterizzato l'occulta appartenenza al blocco conservatore e filoatlantico. Gli esponenti dell'organizzazione criminale puntano piuttosto a creare solidi canali di collegamento istituzionale, per controllare l'utilizzo delle risorse pubbliche o per ottenere l'accesso a determinati circuiti finanziari, o anche per tentare di garantirsi protezione giudiziaria. Tutte ragioni che portano i mafiosi a stipulare patti occulti, in un'ottica di scambio voti-favori con soggetti esterni all'organizzazione. A fronte di tale fenomeno – che giuridicamente non sempre è inquadrabile nella fattispecie del concorso esterno in associazione mafiosa – risultava e risulta tuttora insufficiente lo strumento offerto dall'articolo 416 ter del codice penale. Fino a poco tempo fa, esso puniva esclusivamente lo scambio tra voti e danaro, ma quella previsione legislativa era del tutto avulsa rispetto ai reali rapporti della mafia con la politica. Nel momento elettorale, infatti, l'organizzazione criminale non si impegna quasi mai a favore del politico a fronte e a causa della corresponsione di una somma di denaro. Il mafioso, quando stringe l'accordo elettorale con il candidato, non pretende di essere pagato. Cerca qualcosa di più importante: la promessa di futuri favori e agevolazioni. In cambio di questa garanzia è pronto a esercitare a titolo gratuito la propria influenza elettorale, per procurare i voti al suo interlocutore. Dunque, il vecchio 416 ter prevedeva e sanzionava una condotta meramente di scuola: tanto rara nella realtà che i processi e le condanne per voto di scambio politico-mafioso si contano sulle dita di una mano.

Nell'aprile 2014, poi, lo scenario è in parte mutato con l'approvazione della legge numero 62. Non condivido affatto i commenti entusiastici che hanno accompagnato la sua entrata in vigore: ancora una volta, gli strumenti che la politica ci fornisce non sono quelli che ci servono per debellare il fenomeno in questione. È vero, l'articolo 416 ter è stato rimodulato in termini innovativi: viene finalmente previsto come reato il comportamento di chi accetta la promessa di voti in cambio non solo di denaro, ma anche di altre utilità. Da questo punto di vista si è fatto un passo in avanti: il legislatore ha adeguato la norma a quanto accade nella realtà. Ma solo per tale aspetto. La nuova legge, infatti, introduce inopinatamente un altro aspetto molto problematico e insidioso, che ha già dato adito a polemiche interpretative e provocato pronunciamenti della Corte di cassazione che cristallizzano e anticipano ulteriori e futuri problemi applicativi. Questo perché la formulazione approvata prevede che il reato si perfezioni solo quando il mafioso procura i voti mediante l'utilizzo della forza di intimidazione garantita dal vincolo associativo e dalla condizione di assoggettamento e di omertà che ne deriva (come esplicitato al terzo comma dell'articolo 416 bis). Una previsione, però, che non ricalca il *modus operandi* più diffuso nella raccolta del consenso elettorale: quello in cui il mafioso non ha bisogno di intimidire l'elettore per ottenere la promessa di voto. Nella fisiologia del sistema, al mafioso basta solo fare il nome del candidato per ottenere il consenso degli elettori. E ciò, secondo l'interpretazione letterale della nuova norma, non è sufficiente per configurare il reato.

C'è dunque il concreto rischio che venga azzerata la portata applicativa della nuova disposizione. Anzi, è già accaduto. La Corte di cassazione, proprio in ragione dell'entrata in vigore della legge 62 del 2014, ha annullato una delle poche sentenze di condanna per 416 ter che erano state fino a quel momento emesse, quella dei giudici di Palermo nei confronti del deputato regionale siciliano Antonello Antinoro. Con tale pronuncia la Cassazione ha ordinato la celebrazione di un nuovo processo, nel quale i giudici di merito dovranno porsi il problema di dimostrare – è intuibile con quali difficoltà di prova – che gli elettori sono stati materialmente e concretamente intimiditi dal mafioso che chiedeva il voto. Questa sentenza dovrebbe far ricredere i tanti che, forse in modo troppo superficiale, hanno accolto con entusiasmo la nuova legge, considerandola un passaggio decisivo per la risoluzione del problema. Nell'ottica di una meglio meditata svolta repressiva, sarebbe stato di certo più efficace approvare il testo concepito con la prima proposta di legge, che è stata poi disattesa dall'evoluzione dei lavori parlamentari:

sanzionava lo scambio politico-elettorale ogni volta che ne fossero consapevolmente coinvolti candidati e appartenenti a una organizzazione mafiosa, a prescindere dalla metodologia violenta – per altro, appunto assai rara – utilizzata per il procacciamento dei voti.

Ecco perché considero la disciplina approvata nell'aprile 2014 l'ennesima occasione mancata per reprimere in maniera efficace e definitiva il fenomeno dello scambio elettorale politico-mafioso. Eppure, nonostante le evidenti carenze già indicate dalla Suprema corte di cassazione, la nuova legge continua a essere presentata a livello mediatico come un momento di grande evoluzione. In realtà, non lo è. E non lo è anche per un'altra ragione fondamentale: la normativa continua a prevedere, per il soggetto riconosciuto colpevole del reato, pene considerevolmente più basse rispetto a quelle stabilite per il delitto di associazione mafiosa. Il che comporta pericolose ricadute, anche in termini di rischio di prescrizione. Tale diversità di trattamento è frutto di un pregiudizio culturale duro a morire, secondo il quale è più grave una qualsiasi forma di appartenenza organica all'associazione criminale rispetto al comportamento del politico che, nella piena consapevolezza della mafiosità del suo interlocutore, stringe veri e propri accordi elettorali con Cosa nostra, così legittimandola a inquinare il momento più alto dell'espressione democratica di una comunità.

Quel pregiudizio culturale porta a conseguenze chiare: il comportamento gravissimo di un candidato che fa leva sul potere mafioso per essere eletto verrà comunque, eventualmente, sanzionato in maniera più lieve rispetto a quello di qualsiasi affiliato all'organizzazione. Anche, in ipotesi, rispetto all'ultimo dei mafiosi che nell'organizzazione non ha mai ricoperto un ruolo operativo. Tale diversa valutazione porta così a un'evidente e ingiustificata disparità di trattamento, e mi fa dubitare della reale volontà politica di combattere il fenomeno dello scambio elettorale politico-mafioso.

Il nesso mafia-pubblica amministrazione

In tanti anni di inchieste e processi, ho maturato un convincimento che credo possa costituire uno spunto di riflessione, una base di partenza per una vera e propria svolta – indispensabile e non più rinviabile – nelle politiche di contrasto alla criminalità. È necessario partire da un dato di fatto, che decenni di lavoro di procure e tribunali in tutta Italia rendono incontestabile: c'è un nesso stretto, un groviglio sempre più fitto, fra i reati contro la pubblica amministrazione e i reati di mafia. Condotte di abuso d'ufficio, di corruzione, di concussione o di turbativa d'asta costituiscono il grimaldello attraverso il quale le mafie penetrano e condizionano pesantemente la pubblica amministrazione e la politica. Sono il mare in cui il pescecane mafioso nuota indisturbato per impadronirsi di sempre più ampi spazi di potere e piegare ai suoi interessi l'amministrazione della cosa pubblica, così privando di fatto il cittadino di diritti garantiti dalla Costituzione.

Negli ultimi vent'anni è mancata la comprensione di questo nesso. O, più esattamente, si è preferito ignorare il problema della evidenza di un sistema criminale integrato, in cui mafia e corruzione sono due facce della stessa medaglia, due segmenti dello stesso percorso. La reazione politico-istituzionale non è stata adeguata alla gravità e alla diffusione del fenomeno. Alle generalizzate esternazioni di indignazione che fanno seguito ai numerosi scandali scoperchiati dal lavoro dei magistrati, non conseguono gesti concreti tali da reprimere e prevenire un fenomeno che sta diventando endemico e che mortifica il prestigio e la dignità stessa dell'intero Paese. Nel sistema giudiziario continua a esistere una sorta di doppio binario: da una parte, pene adeguate e strumenti investigativi incisivi per contrastare comportamenti di «ordinaria» criminalità mafiosa; dall'altra, una situazione di sostanziale impunità per le condotte tipiche della criminalità dai colletti bianchi, che consentono alle mafie di penetrare le pubbliche istituzioni. La drammatica verità è che non si è voluta cogliere la gravità del problema.

Basta evidenziare un dato, che nella sua cruda oggettività rende plasticamente, meglio di ogni altro, il senso della sostanziale resa dello Stato: tra gli oltre sessantamila detenuti che affollano all'inverosimile le nostre strutture carcerarie, solo poche decine stanno espiando una pena per corruzione o per altri reati contro la pubblica amministrazione. È questa la dimostrazione più lampante che il fenomeno della corruzione resta, in Italia, sostanzialmente impunito. Le cause sono molteplici ma alcune, le più dirette ed evidenti, si possono individuare con facilità e potrebbero, in modo altrettanto agevole, essere eliminate. Le pene risultano ancora del tutto inadeguate a fare da concreto deterrente preventivo, e inoltre sono sproporzionate rispetto a quelle previste per altre condotte di bassa criminalità. È inconcepibile – e contrasta con il comune e naturale senso di giustizia – che un furto o una rapina da pochi spiccioli vengano sistematicamente puniti con più severità rispetto a condotte di funzionari pubblici che risultano decisive per dirottare dalle casse dello Stato a quelle della mafia ingenti risorse finanziarie.

All'inadeguatezza delle pene è connessa poi l'esiguità del termine che porta alla prescrizione del reato. A differenza di altri delitti, assai di rado quello connesso a fatti corruttivi o comunque di abuso del pubblico funzionario o del politico emerge nel momento stesso della sua realizzazione. Nella maggior parte dei casi, ciò avviene dopo molto tempo e in seguito a indagini lunghe e complesse. E questo anche in considerazione del progressivo affinamento delle tecniche messe in campo da corrotti e corruttori, per neutralizzare alla base l'efficacia di eventuali indagini. Ecco perché, quasi sempre, la prescrizione di questa particolare tipologia di reati interviene prima che la responsabilità penale dei loro autori possa essere consacrata da sentenze definitive. È in questi casi che la sconfitta del diritto e della giustizia assume i suoi connotati più drammatici e beffardi: l'estinzione del reato per prescrizione, infatti, rappresenta la vanificazione degli sforzi che l'apparato investigativo e giudiziario ha compiuto per accertare il fatto e individuare il responsabile; ma, ancora di più, incarna la mortificazione delle aspettative delle parti offese, e di ogni cittadino che ha diritto alla trasparenza e alla pulizia della vita pubblica. Questa è la triste realtà di un Paese cui parte considerevole del ceto dirigente, anche politico, ha beneficiato – in taluni casi ripetutamente – dell'istituto della prescrizione per sottrarsi a processi penali per fatti molto gravi.

La mancanza di volontà e capacità della politica nell'allestire un efficace sistema di prevenzione e repressione dei gravi fenomeni di distorsione illecita del potere pubblico ha caratterizzato gli ultimi decenni e l'operato di più governi. Esecutivi di diversi orientamenti, guidati da politici o da tecnici, dalle durate più o meno lunghe, formati in seguito a consultazioni elettorali o all'incarico conferito a chi non era stato votato dai cittadini. Governi diversi, talvolta anche dichiaratamente opposti tra di loro, ma assimilabili per la sostanziale inerzia di fronte al dilagare del fenomeno della corruzione e della penetrazione mafiosa nella pubblica amministrazione.

Possiamo dire, anzi, che in Italia si è registrato un costante e progressivo allentamento della legislazione riguardante i reati contro la pubblica amministrazione. E, a partire dal 1990, sono state concepite a più riprese riforme che hanno contribuito nella sostanza a legalizzare il clientelismo, la lottizzazione, il conflitto di interessi, una vera e propria odiosa feudalizzazione delle istituzioni. Un risultato conseguito anche attraverso la cancellazione di alcune figure delittuose, prima fra tutte il reato di abuso d'ufficio non patrimoniale, che consentiva al giudice penale di sanzionare qualsiasi consapevole e dolosa deviazione dalla legge operata dal pubblico ufficiale nell'esercizio della sua funzione, a prescindere dal conseguimento, oggi invece previsto, di un ingiusto vantaggio patrimoniale.

Altre leggi successive hanno di fatto ridotto anche il reato di abuso d'ufficio patrimoniale a un cane che abbaia ma non morde; ne sono state diminuite le pene, con conseguenze disastrose: niente più custodia cautelare per i colletti bianchi nella fase delle indagini preliminari, impossibilità di ricorrere alle intercettazioni telefoniche e ambientali, termini di prescrizione via via ridotti.

A seguito della cosiddetta legge Cirielli del 2005, per esempio, la prescrizione è diventata ancora di più una mannaia per le indagini, rendendo di fatto quasi impossibile l'accertamento della responsabilità penale. E proprio la Cirielli rende subito evidente il senso della miopia del legislatore e della ingiustificata e pregiudiziale divaricazione tra reati tipicamente di mafia e delitti contro la pubblica amministrazione: per i primi, opportunamente, i termini di prescrizione sono stati allungati e, nel caso di recidiva, in sostanza raddoppiati; per i secondi è stato abbreviato ancor di più il tempo necessario alla prescrizione del reato. Come se mafia e corruzione fossero fenomeni sempre distinti, e come tali fronteggiabili con armi e strumenti tanto diversi.

La conclusione inevitabile di fronte a tali scelte è molto amara. Allo stato attuale, il sistema repressivo e sanzionatorio di fenomeni che turbano gravemente il funzionamento della nostra democrazia è del tutto inadeguato. Ciò dovrebbe preoccupare tutti i cittadini; specie in un periodo di grave crisi economica, in cui l'appropriazione e la spartizione illecita di risorse pubbliche finisce per impoverire gli onesti. Personalmente, da magistrato ho provato più volte una spiacevole sensazione di impotenza, e una ancor più fastidiosa consapevolezza di applicare trattamenti troppo sbilanciati a manifestazioni di illegalità e prepotenza in fondo analoghe. Spero che il funzionamento della giustizia non si trasformi definitivamente in un meccanismo severo ed efficiente nei confronti dei deboli e blando nei confronti dei colletti bianchi e dei delinquenti istituzionali. Ecco perché all'amarezza non deve accompagnarsi la rassegnazione. Ecco perché anche un magistrato può e deve contribuire alla riflessione sulla prospettazione dei rimedi. Senza ipocrisie e senza il timore di essere tacciato di politicizzazione della sua funzione. Con la consapevolezza, anzi, che accuse di questo tipo provengono di solito da chi ha interesse a mantenere l'inefficienza del sistema giustizia, viatico necessario per consolidare le speranze dei furbi, dei prepotenti, dei disonesti.

Spunti di riforma

È necessario, dunque, che al di là della «politica degli annunci» si avvii nei fatti un deciso cambio di direzione. Non è certo sufficiente l'istituzione dell'Autorità nazionale anticorruzione o la prospettazione di ulteriori organismi di vigilanza e controllo, che in alcuni casi sembrano obbedire più a una logica propagandistica che di reale prevenzione. È invece fondamentale, e non più rinviabile, l'approvazione di una serie di riforme, alcune delle quali sono da tempo in discussione in Parlamento. Ritengo che la prima dovrebbe riguardare il sistema della prescrizione del reato: stabilendo che i termini inizino a decorrere non dal momento in cui il delitto è stato commesso, ma da quello – il più delle volte di molto successivo – in cui è stato scoperto; oppure, bloccando il decorso del termine di prescrizione al momento dell'esercizio dell'azione penale da parte del pubblico ministero, e quindi all'inizio del vero e proprio processo. Ciò comporterebbe un ulteriore effetto positivo sulla durata dei dibattimenti, perché scoraggerebbe il ricorso a quelle tecniche difensive di natura soltanto dilatoria, oggi così diffuse proprio in funzione dell'agognata prescrizione.

Sono poi convinto della potenziale grande efficacia di un'altra possibile riforma: la concessione di attenuanti speciali per chi collabora con la giustizia nei procedimenti che riguardano delitti contro la pubblica amministrazione, come accade nei processi di mafia. Dovrebbe essere così segnata, a livello di trattamento sanzionatorio, una separazione più netta fra chi con le sue dichiarazioni veritiere e riscontrate si adopera per far scoprire un delitto contro la pubblica amministrazione e chi invece, anche a fronte di prove evidenti, continua a confidare nelle lacune del sistema per sottrarsi alle conseguenze della sua condotta criminale. Una differenza di trattamento più netta e ampia fra chi collabora e gli irriducibili omertosi con il colletto bianco e gli ingenti conti in banca contribuirebbe a spezzare quella catena di silenzio che, come nelle vicende più propriamente mafiose, lega il corrotto e il corruttore, il funzionario infedele e il cittadino o l'imprenditore beneficiato.

Ma non basta. Sono convinto della necessità di regolamentare e istituzionalizzare la figura dell'«agente provocatore», con l'espressa previsione della non punibilità della sua condotta. Ciò avviene ad esempio negli Stati Uniti, dove molti casi di grave e sistematica corruzione sono stati smascherati proprio attraverso agenti provocatori: finti corruttori appositamente infiltrati all'interno di uffici e strutture pubbliche inquinate da abusi di potere. Avevo trovato molto interessante, a tal proposito, il testo di una proposta di legge presentata in Parlamento, della quale poi non ho più sentito parlare: prevedeva che nell'ambito delle indagini e su delega del pubblico ministero non fosse «punibile l'ufficiale di polizia giudiziaria che promettendo denaro o qualsiasi altra utilità induce o istiga un pubblico ufficiale o l'incaricato di un pubblico servizio alla commissione di un delitto, al fine di coglierne gli autori in flagranza e di farli punire». In sostanza, sancendo la non punibilità del cosiddetto agente provocatore, si sarebbe estesa anche al settore dei reati contro la pubblica amministrazione la possibilità di applicare uno strumento già rivelatosi fondamentale nelle indagini sul traffico di stupefacenti. E ciò con le dovute assicurazioni di trasparenza e legalità connesse alla direzione e al costante e incisivo controllo dell'autorità giudiziaria, nell'ambito di un procedimento penale caratterizzato, come ovvio, da tutte le garanzie già previste per ogni indagato.

Certo, molte altre riforme sarebbero necessarie; se attuate velocemente e contestualmente potrebbero sul serio segnare una svolta decisiva. L'introduzione del reato di autoriciclaggio, il ripristino del falso in bilancio, l'adeguamento al rialzo delle pene previste per la corruzione, la turbativa d'asta e il traffico di influenze: progetti sempre sulla bocca di tutti, ma che restano ancora al palo. C'è ogni volta qualcuno che si oppone; qualche ostacolo viene sempre frapposto all'ultimo momento. Proprio quando l'iter legislativo sembra perfezionarsi, spunta immancabile la solita «manina», che introduce nei testi in discussione emendamenti e modifiche atti a neutralizzarne l'efficacia. Temo che tutto ciò non sia casuale e costituisca invece il frutto avvelenato della volontà – purtroppo ancora diffusa – di conservare ai potenti quegli spazi di impunità e arbitrio che fino a ora sono stati loro garantiti.

L'autogoverno della magistratura

La magistratura è stata ed è tuttora oggetto di una violenta, sistematica offensiva condotta dai tanti che, muovendosi trasversalmente ai diversi schieramenti politici, ne vorrebbero di fatto limitare l'autonomia, l'indipendenza e la capacità di esercitare a pieno il controllo di legalità. Il desiderio recondito – attuato attraverso ben orchestrate campagne di delegittimazione di quella parte dell'ordine giudiziario che si ostina a considerare tutti uguali dinnanzi alla legge – è di disegnare una figura diversa di magistrato, in particolar modo di pubblico ministero. Se ne vorrebbe fare un burocrate inquadrato in una struttura a forte connotazione gerarchica; un funzionario più sensibile ai numeri e alle statistiche, nell'ottica freddamente materiale della produttività e del contenimento della spesa, che al dovere di approfondire i casi di cui si occupa; un sottoposto attento a non esporsi e a non infastidire i potenti. Si punta a ottenere un magistrato che dimentichi la doverosità del suo agire quotidiano, si faccia guidare invece da ragioni di opportunità politica; per non disturbare equilibri di potere, per non pregiudicare lo sviluppo della propria carriera, per non esporsi al rischio di una responsabilità civile talmente ampia e indeterminata nei suoi presupposti da risultare nella sostanza intimidatoria.

Dobbiamo reagire con forza a questa offensiva esterna senza illuderci che il peggio sia passato, che non si ripeteranno ora e in futuro tentativi di piegare l'indipendenza dell'ordine giudiziario alla volontà politica di chi comanda. E di chi, con la potenza della sua ricchezza, è in grado di condizionare quella volontà. Dobbiamo continuare a tenere gli occhi aperti e la schiena dritta, perché l'assedio non è finito. Dobbiamo resistere, perché le prerogative costituzionali di autonomia e indipendenza non rappresentano un privilegio di casta, ma l'ultima garanzia di eguaglianza e di tutela della libertà e dei diritti dei più deboli, delle minoranze, di chi coltiva ideali e orientamenti politici e culturali diversi dai governanti del momento.

Tutto questo, però, non basta. Serve ammettere, con un'analisi rigorosa e onesta, che il pericolo è anche interno e deve essere affrontato con la stessa determinazione con la quale va respinta l'offensiva esterna. È necessaria una profonda rivisitazione del sistema di autogoverno della magistratura, accompagnata e preceduta da una vera e propria rivoluzione culturale, che cambi in profondità l'attività dell'Associazione nazionale magistrati (l'Anm) e quella dei gruppi e delle correnti che la animano.

Noi magistrati siamo chiamati a fare di tutto per preservare l'effettiva autonomia e indipendenza della magistratura e di ciascun singolo magistrato. Per portare avanti questa giusta battaglia, però, dobbiamo anche lottare per cambiare gli odiosi sistemi di spartizione del potere e di regolamentazione del nostro autogoverno, che abbiamo purtroppo nel tempo mutuato dalla peggiore politica: essi compromettono non solo il nostro prestigio e la nostra credibilità all'esterno, ma l'essenza stessa della giurisdizione.

Oggi il sistema di potere interno all'ordine giudiziario – il cosiddetto autogoverno disegnato mirabilmente dal legislatore costituente – si è deteriorato nel suo concreto funzionamento e si è legato in maniera scandalosa al criterio dell'appartenenza alle correnti: per le nomine di magistrati ai ruoli direttivi, per i concorsi interni o per l'attribuzione di incarichi fuori ruolo. Così si finisce per mortificare, in radice, il merito, la professionalità, l'impegno e in alcuni casi persino il sacrificio personale di tanti magistrati. Tutto ciò rappresenta un pericolo che, se non arginato *in primis* con la necessaria consapevolezza del suo disvalore da parte di ciascuno, rischia di erodere dall'interno l'indipendenza della magistratura.

L'esperienza concreta, la sensazione comune vissuta con angoscia dalla maggioranza dei magistrati, è quella di una pericolosa e insopportabile discriminazione fra chi si schiera nei gruppi associativi dell'Anm e chi preferisce restarne fuori. I primi si muovono in un contesto in cui la corrente protegge nei momenti di difficoltà, asseconda, valorizza e, prima o poi, aiuta nella progressione in carriera. Gli altri vengono troppo spesso abbandonati al loro destino, e devono subire la mortificazione di vedere disattese con sistematicità le proprie legittime aspettative, in favore del collega sponsorizzato dalla corrente. Una situazione insostenibile e inaccettabile, alla quale deve porsi rimedio senza ulteriori indugi o interessate timidezze. Voglio fare un esempio. Nel tempo, per l'attribuzione degli incarichi direttivi è stato giustamente attenuato il peso dell'anzianità, e sulla carta è aumentata l'incidenza della valutazione dell'esperienza e della professionalità specifica; nei fatti, però, sempre più spesso i meccanismi di funzionamento dell'autogoverno rispondono a un criterio di scelta troppo discrezionale, quando non arbitrario. Così quelle nomine finiscono per essere riconducibili o a biechi interessi correntizi o, peggio ancora, a indicazioni stringenti provenienti da istituzioni e parti politiche.

Considero ugualmente grave, poi, una prassi ormai consolidata di accesso al Consiglio superiore della magistratura (il Csm). I candidati chiamati a esercitare le funzioni più alte dell'autogoverno sono quelli che hanno prima ricoperto ruoli di rilievo all'interno di una corrente dell'Associazione nazionale magistrati. Sono quei magistrati che in alcuni casi hanno privilegiato la politica associativa a scapito della funzione giudiziaria; quelli che si sono distinti per il cercare consensi alla corrente più che per l'affrontare, con coraggio e indipendenza, le indagini e i processi più gravosi, o anche il quotidiano e altrettanto importante impegno di rendere giustizia a ogni livello.

Cosa si può fare rispetto a un simile stato di cose? In tanti, all'interno della magistratura, si pongono questa domanda e avvertono in maniera sempre più pressante l'esigenza di una svolta. Dalla base, in particolare dai magistrati più giovani, monta una sacrosanta volontà di fermare un andazzo sempre più patologico e pericoloso. Alcuni, consapevoli della gravità del problema, hanno prospettato l'adozione di un meccanismo di sorteggio per i componenti del Csm. Sono convinto che a questi colleghi vada riconosciuto il merito di aver sottolineato la gravità del problema, ma non condivido una soluzione così drastica e oggettivamente rischiosa; voglio ancora sperare che una categoria così importante di servitori dello Stato – e che tanta responsabilità ha nel prendere decisioni che incidono pesantemente sulla vita dei cittadini – possa trovare in se stessa la forza e la capacità di migliorare. Senza ricorrere al rimedio estremo di sorteggiare i componenti incaricati dell'autogoverno. Voglio ancora credere che sarà lo stesso Consiglio superiore della magistratura a emendarsi dai suoi mali e che, più in generale, il comportamento e la coscienza di ciascun magistrato porrà un argine alla degenerazione del sistema.

Solo pochi anni fa, nel novembre del 2010, gli organismi centrali dell'Associazione nazionale magistrati hanno approvato un codice etico in cui si consacrano quei principi di correttezza deontologica che dovrebbero essere nel dna di ogni magistrato, e caratterizzarne l'agire dentro e fuori le aule dei tribunali. Un articolo di questo statuto mi sembra particolarmente importante e troppe volte disatteso. Ricorda che ciascun magistrato, nell'espletamento delle sue funzioni in organi elettivi di autogoverno, centrale o periferico, deve operare senza vincolo di mandato rispetto all'elettorato e ai gruppi associativi. Una previsione statutaria semplice ma impegnativa. Una regola il cui effettivo rispetto avrebbe una portata rivoluzionaria, nel momento in cui si determinassero in concreto le logiche conseguenze della sua violazione: il rilievo disciplinare delle condotte di chi, componente di un organo di autogoverno, si faccia portatore di interessi e richieste che prescindano dalla rigorosa analisi del merito delle questioni e della professionalità dei colleghi da valutare. E analogamente dovrebbero essere censurati quei tristemente abituali comportamenti di magistrati che si attivano per perorare o sponsorizzare richieste proprie o altrui.

Sarebbe in sostanza sufficiente che ciascun magistrato applicasse a se stesso la regola che ha contribuito a consacrare nel codice etico dell'Anm. Ricordandosi che l'autonomia e l'indipendenza della propria azione dipende anche e soprattutto dall'aver contato sempre ed esclusivamente sulle proprie forze e dal non dovere dire grazie a nessuno per favori o segnalazioni di qualsiasi tipo. Nelle convinzione che chi sgomita per fare carriera finisce per diventare prima o poi condizionabile, mettendo così in pericolo quei principi di autonomia e di soggezione esclusiva alla legge che costituiscono l'essenza fondamentale di ogni attività giurisdizionale in favore e al servizio della collettività.

11
Perché restare in trincea?

Le parole di Riina

Quando mi hanno riferito per la prima volta dell'ordine di morte di Salvatore Riina nei miei confronti, ho subito pensato che dovevo agire – e valutare quella prova acquisita nel corso di una mia indagine – come se non si riferisse alla mia persona. Ho voluto ascoltare ripetutamente le frasi e osservare i gesti, il volto di quel boss che parlava di me. In quelle ore, qualcuno mi consigliò di andare via da Palermo, almeno per un certo periodo. È un'ipotesi che non ho mai preso in considerazione. Ho cercato invece di impormi lucidità e compostezza, anche per affrontare al meglio il solito problema del se e come presentare la novità a mia moglie e ai miei figli. Ho tentato di ragionare da magistrato, per comprendere e valutare in modo freddo il senso di quegli ordini di morte. E ho riflettuto su quante volte in passato, nel corso di numerosi processi a Caltanissetta e a Palermo, mi ero posto il problema di dimostrare che Riina era stato il mandante di omicidi e stragi.

Lo stesso atteggiamento ho cercato di mantenere quando, pochi mesi fa, ho appreso da Vito Galatolo, ultimo rampollo di una dinastia mafiosa di stragisti, che l'attentato nei miei confronti era già stato organizzato, che l'esplosivo era stato acquistato ed era arrivato a Palermo. Non dimenticherò mai l'agitazione e il coinvolgimento emotivo di quel mafioso, all'epoca non ancora diventato un collaboratore di giustizia: traspariva chiaramente la sua esigenza di liberarsi la coscienza da un peso che non riusciva più a sopportare. Galatolo aveva chiesto di incontrarmi con una lettera dal carcere. Andai a interrogarlo e mi rivelò del piano. Mi impressionò subito la ricchezza di dettagli del suo racconto, perfino su un eventuale progetto alternativo rispetto a quello originario di eliminarmi con la solita autobomba a Palermo; la seconda opzione prevedeva un'esecuzione «classica», con l'utilizzo di armi pesanti, in occasione di una mia trasferta a Roma. Ma a colpirmi ancora di più fu l'accenno al motivo di quell'ordine di morte: con le mie indagini ero «andato troppo oltre».

Fino a qualche anno fa non mi ero mai realmente confrontato con il sentimento della paura. Forse per incoscienza, forse per superficialità, non avevo mai considerato la possibilità di ritorsioni nei miei confronti per il lavoro che svolgo. Negli ultimi tempi, invece, ammetto di aver cominciato a pensarci. E non solo per le esternazioni di Riina e le dichiarazioni di Galatolo, ma anche per una lunga serie di lettere anonime e di minacce a me indirizzate. Ho iniziato dunque a riflettere un po' di più su quella definizione di coraggio che così efficacemente ci ha donato Paolo Borsellino. Lui ci ha insegnato che essere coraggiosi non vuol dire non aver paura, ma saperla superare con la consapevolezza di quanto sia più bello, più appagante, più importante continuare a fare il proprio dovere a testa alta senza farsi condizionare da nessuno. Nonostante tutto. Nonostante la paura, appunto. Anche per questo, non ho voluto fare un passo indietro rispetto al mio impegno professionale. E un sostegno importante mi è arrivato dalle bellissime e numerose attestazioni di solidarietà espresse da tante persone di tutte le età, di ogni parte d'Italia, di ogni condizione sociale. Non smetterò mai di ringraziare quei cittadini.

Ma negli ultimi mesi è accaduto anche qualcos'altro, che non immaginavo. L'essere riconosciuto pubblicamente come bersaglio dello stragista più spietato di tutti i tempi, per qualcuno è stato addirittura motivo di ulteriore sospetto e diffidenza nei miei confronti. Può sembrare paradossale, ma è così. Ho provato una profonda amarezza di fronte a quelle che non posso definire se non speculazioni assurde. Un'amarezza difficile da metabolizzare. Ho letto presunti autorevoli esponenti del giornalismo e della politica definire le intercettazioni di Riina una «messinscena», finalizzata a rafforzare il processo Trattativa e l'immagine mia e degli altri colleghi che si occupano del caso. Alcuni sono arrivati a scrivere – voglio sperare non in malafede, ma per ignoranza – che erano stati i magistrati della Procura di Palermo a mettere accanto a Riina un compagno di ora d'aria, utilizzandolo come agente provocatore: circostanza del tutto falsa e infondata, com'era facilmente verificabile, perché non è la Procura di Palermo a indicare né le modalità di organizzazione né i compagni di socialità all'interno delle sezioni di un penitenziario. Qualcuno, anche nel mio ambiente, ha guardato con diffidenza alla genuinità di quelle intercettazioni, come se fossimo stati noi a scatenare le esternazioni del capomafia. Qualcun altro, nel tentativo di minimizzare la portata di quelle frasi, ha provato, contro l'evidenza dei fatti, ad accreditare la possibilità che il più lucido ed efferato stragista di Cosa nostra – colui il quale ne è ancora il vero capo – fosse all'improvviso diventato un vecchio innocuo e rimbambito.

Simili speculazioni mi hanno fatto più male delle parole di Riina. Ma sono andato avanti come sempre, nonostante i pesanti sacrifici e le limitazioni ogni giorno più insopportabili imposte alla mia vita e a quella della mia famiglia. Ho continuato a riflettere sul significato di quelle parole di Riina, e poi sul valore probatorio delle dichiarazioni di Galatolo a proposito dei preparativi dell'attentato. Sono giunto a una conclusione razionale, amara, che adesso ripeto con una forma di sottile ironia, come per esorcizzare tutta questa vicenda: se dovesse succedermi qualcosa, quelle parole intercettate in carcere costituirebbero davvero la prova giudiziaria che i processi hanno sempre cercato.

Intanto, resto a fare il mio lavoro. Sono profondamente e visceralmente attaccato alla mia città, alla mia Sicilia. Ho sempre lavorato in questa terra e l'ho sempre vissuta con quel rapporto di amore-odio che appartiene al sentire di tanti siciliani. Continuo a ritenere che qui, la lotta fra il bene e il male si realizzi ai massimi livelli. Questo ci ha insegnato il sacrificio dei nostri martiri che hanno lavorato al palazzo di Giustizia, in quella formazione straordinaria che è stata il pool antimafia. Da giovane mi sono innamorato dell'idea di fare il magistrato guardando proprio al loro esempio. E poi ho fortificato quell'aspirazione grazie alle parole e all'esempio di tanti altri uomini che si sono impegnati con passione in questa città. Se è vero, infatti, che il fenomeno criminale mafioso ha avuto il massimo della sua espansione a Palermo, è anche vero che questa è la terra dove più forte e più appassionata è stata la reazione. Bella, nobile, duratura, espressa non solo da personaggi importanti come Falcone, Borsellino, Mattarella, Saetta, Grassi e tanti altri che hanno sacrificato la loro vita per l'ideale nel quale credevano, ma anche da semplici cittadini che quotidianamente continuano a ribellarsi alla mafia.

In questi ultimi anni, ho colto spesso l'immagine di una Sicilia che cambia. Sono soprattutto le giovani generazioni a imporre la loro forza, il loro entusiasmo. Ma ai venti di cambiamento si contrappongono forze che spingono per tornare a un passato da loro rimpianto. C'è una dura battaglia in atto, una vera e propria guerra fredda di posizione: alla crescente consapevolezza della pericolosità del fenomeno mafioso – anche nei quartieri cosiddetti «a rischio» della città – si oppone ostinatamente una parte dell'opinione pubblica, che trova spazio in quella borghesia danarosa incline a diffondere un atteggiamento di diffidenza nei confronti della magistratura e di quanti cercano di affermare la legalità nel vivere pubblico. Quasi provassero rimpianto per i «bei tempi» in cui l'economia drogata dei trafficanti di stupefacenti consentiva alla città di vivere al di sopra delle proprie possibilità, in un maleodorante scenario in cui il lusso sfrenato, i locali alla moda, la ricchezza ostentata si mescolavano al sangue delle vittime di mafia.

La società civile

Sono sempre stato convinto dell'importanza del contatto diretto, del dialogo franco e costante fra il magistrato antimafia e i cittadini, soprattutto i giovani e gli studenti, e in particolare quelli provenienti dai paesi o dai quartieri a più alta densità mafiosa. Ritengo che occasioni di incontro di questo tipo siano fondamentali: ci offrono la possibilità di respirare la voglia di giustizia che viene dal popolo, quel popolo nel cui nome la giustizia dei tribunali viene amministrata. Inoltre ci ricordano la funzione primaria del nostro ruolo, ovvero il servizio a favore della collettività. Il cittadino da parte sua, attraverso il rapporto diretto con un magistrato che si sappia porre con lealtà e umiltà, può superare l'atavica diffidenza nei confronti dei rappresentanti dello Stato.

Quando ne ho modo, partecipo sempre volentieri a simili incontri, soprattutto nelle scuole. Ho vissuto esperienze bellissime. Anche nei contesti più difficili, anche quando mi è capitato di rivolgermi a figli o nipoti di mafiosi che avevo fatto condannare all'ergastolo. Ho percepito sempre tanta voglia di giustizia e verità, sincero istinto di ribellione al predominio della mentalità mafiosa, e ancora insofferenza alla corruzione diffusa e ai metodi di gestione clientelare del potere. Voglio dunque continuare su questa strada. Non ho paura del confronto e non mi interessano le critiche, sciocche o in malafede, di chi insinua che attraverso la partecipazione al dibattito pubblico un magistrato cerchi strumentale consenso alla sua attività. Non bisogna temere i magistrati che sensibilizzano i cittadini al valore della legalità e alla bellezza della vera antimafia. Non si può stigmatizare chi su questi temi cerca il consenso del popolo. Sono altri i magistrati di cui avere paura: quelli che ambiscono a compiacere ricchi e potenti; quei sepolcri imbiancati che non perdono occasione per gridare che i giudici devono parlare solo con le proprie sentenze, e che poi improntano tali sentenze all'ossequio del più forte.

Intanto, la gran parte dei cittadini continua a incoraggiare il lavoro mio e dei colleghi della Procura di Palermo, manifestandoci sentimenti di gratitudine. In molti, nelle situazioni più disparate, mi esprimono solidarietà e mi ripetono l'invito a continuare nel mio percorso, a non mollare nonostante le difficoltà, le minacce e il rischio di attentati. Attestazioni di vicinanza che si concludono quasi sempre con l'espressione: «Vada avanti, signor giudice». È un incoraggiamento per me gratificante, ma rappresenta anche altro: un ulteriore aggravio di responsabilità, tale da farmi persino temere di diventare ostaggio e prigioniero della speranza che tanti ripongono nel tuo lavoro.

Mi sono trovato spesso a riflettere sul senso di frasi del genere. Ho provato sentimenti contrastanti, ma c'è una conclusione sulla quale non ho dubbi: non può essere solo la magistratura a cercare di sollevare definitivamente i veli che sono stati stesi con sapienza a copertura di alcune delicate verità. L'azione deve essere molto più ampia. Tutti i cittadini devono continuare a pretendere giustizia, a controllare che magistrati e forze dell'ordine facciano di tutto per accertare la verità, qualunque essa sia. Lo sforzo deve essere corale. E serve soprattutto quell'impegno politico che fino a ora, in relazione agli intrecci delicati fra mafia e potere, non è stato adeguato.

È stato triste, ad esempio, constatare come la Commissione parlamentare antimafia – un organismo che in passato aveva contribuito in modo fondamentale all'accertamento di importanti verità storiche – nella precedente legislatura non sia riuscita nemmeno a concentrare in una relazione finale l'enorme mole di dati sulla trattativa e le stragi acquisita con un'istruttoria lunga e articolata. Come sempre più spesso avviene, anche in questo caso la politica non ha voluto assumersi, nell'analisi di vicende così delicate, responsabilità che invece trova comodo addossare esclusivamente sulle spalle della magistratura. Come se avesse abdicato all'autonomia della propria funzione e al fondamentale principio della coesistenza e separatezza concettuale di una responsabilità politica rispetto a quella penale.

Oggi

Io resto al mio posto. Non mi rassegno a questo stato di cose. Soffro tremendamente le limitazioni alla mia libertà, nel tempo divenute sempre più pesanti, ma ho anche tanti buoni motivi per reagire allo scoramento e alla stanchezza mentale.

Ho fiducia nella capacità dei giovani di informarsi, di valutare, di indignarsi e di reagire. È quanto ho detto agli studenti che la mattina del 15 novembre 2014 sono venuti a trovarmi. Dopo che i giornali avevano parlato del progetto di attentato nei miei confronti, in tanti si sono presentati davanti al palazzo di Giustizia. Migliaia di persone, tra cui moltissimi giovani; le facce pulite, lo sguardo profondo e innocente di chi nutre gli ideali più alti. Quella è la Palermo che ho sempre amato, la Palermo del calore umano, della profondità di pensiero, del coraggio e della volontà di partecipazione che in certi momenti sanno trasformare questa città nel più fresco laboratorio di un futuro diverso e più giusto. Ho visto i miei figli in mezzo a quella folla. Erano contenti di trovarsi tra i compagni che manifestavano affetto e stima per il loro padre. Mi sono commosso, e ho sentito il bisogno di esprimere quanto mi veniva dal cuore.

«Io non so cosa accadrà» ho detto. «Ho soltanto una speranza: che conserviate la passione civile. Che non vi adeguiate mai all'andazzo prevalente in questo Paese, sempre più indifferente alla giustizia. Un Paese troppe volte insofferente alla verità, all'indipendenza della magistratura, alla tutela vera dei valori costituzionali.» Quella speranza è il mio sogno. Perché sono convinto che solo i cittadini possono cambiare sul serio la società, sconfiggendo finalmente la mafia, la corruzione, la mentalità dell'appartenenza e dell'ossequio al potere. Non bisogna smettere di coltivare questo sogno, alimentandolo con costanza, tenacia e passione. Spero quindi che ogni cittadino – giovane o meno giovane – continui a perseguire con forza i propri ideali, nel rispetto di quelli altrui.

Comunque vada, avremo combattuto per rendere più libero il nostro Paese. E sarà stata una giusta battaglia. L'unica battaglia in grado di onorare i nostri morti e liberare la nostra terra, per portare a termine – tutti insieme e ciascuno nel proprio ruolo – quella rivoluzione culturale che spargerà nel nostro Paese il fresco profumo della libertà.

Postfazione
Cose di Cosa nostra

Ecco cosa mi ha raccontato Nino Di Matteo.

Una sera di dicembre, dopo l'ultima intervista al palazzo di Giustizia, ho percorso a piedi la strada che porta al Teatro Massimo. Si chiama via Volturno; a Palermo è nota perché è l'ingresso del popolare mercato del Capo, ma anche per le sue bancarelle piene di libri e cineserie. Più o meno, sempre la stessa roba. Quella sera, però, ho intravisto tra la merce una vecchia edizione del volume che Giovanni Falcone scrisse con la giornalista francese Marcelle Padovani: *Cose di Cosa nostra*, pubblicato da Rizzoli. Ho iniziato a sfogliarlo, come tante volte ho fatto in questi anni, e per caso mi sono soffermato a pagina 81. Un brivido mi ha scosso.

Già vent'anni fa, Giovanni Falcone parlava di «dialogo Stato-mafia». Scriveva il giudice: «Il dialogo Stato-mafia, con gli alti e i bassi fra i due ordinamenti, dimostra chiaramente che Cosa nostra non è un anti-Stato, ma piuttosto un'organizzazione parallela che vuole approfittare delle storture dello sviluppo economico, agendo nell'illegalità».[1] Il dialogo non è trattativa: è ancora peggio, perché presuppone una consuetudine diabolica di rapporti e frequentazioni. Falcone sottolineava ancora: «Non di-

[1] Per questa e le successive citazioni, si veda: G. Falcone, con M. Padovani, *Cose di cosa nostra*, Bur, Milano 2012.

mentichiamo che la mafia è l'organizzazione più agile, duttile e pragmatica che si possa immaginare, rispetto alle istituzioni e alla società civile nel suo insieme». Mi sembrava di leggere per la prima volta queste parole, le avevo dimenticate. E al capoverso successivo: «Quel che dico, me ne rendo conto, può suonare paradossale. Partendo dalla doppia morale della mafia sono arrivato allo Stato – ma come evitare di parlare di Stato quando si parla di mafia? – e alla constatazione che la mafia si alimenta dello Stato e adatta il proprio comportamento al suo». Mi è sembrato di tornare alle prime battute di questo libro, quando Di Matteo mi spiegava che per una seria lotta alla mafia lo Stato dovrebbe guardarsi veramente dentro, per troncare le complicità che ancora resistono. Frasi pesanti. Forse, proprio a simili complicità si riferiva Giovanni Falcone alla fine del suo racconto, parlando di «gioco troppo grande». Scriveva: «Si muore generalmente perché si è soli o perché si è entrati in un gioco troppo grande». Quando lessi questa espressione nella prima edizione del libro – era il novembre 1991 – avevo ventun anni; ricordo di aver provato una sensazione di smarrimento. Era la profezia di Giovanni Falcone sulla strage che sei mesi dopo l'avrebbe ucciso.

Nel corso di questi decenni, in pochi si sono ricordati quelle parole, che quasi stonano con l'immagine ufficiale di Falcone: un giudice attento a fondare sempre le affermazioni e i provvedimenti su analisi e prove solide. Eppure, proprio la solitudine del magistrato nel gioco grande – anzi, «troppo grande» – resta l'ultimo messaggio di Giovanni Falcone. E dovrebbe anche essere il punto di partenza per cercare di comprendere quegli anni così particolari, che segnarono il passaggio fra prima e seconda repubblica. Un passaggio insanguinato dalle stragi di mafia. Invece ho la sensazione che le parole di Falcone siano state dimenticate.

Vent'anni fa, per superare lo smarrimento dei giorni che seguirono Capaci e via D'Amelio, mi ero convinto che Giovanni Falcone avesse già compreso tutto, e che dunque la verità non fosse così inarrivabile. Mi ero convinto soprattutto che Falcone, da fine investigatore qual era, avesse lasciato una traccia delle sue scoperte nel proprio libro. Così avevo iniziato ad annotare su un taccuino alcune sue indicazioni, come se quelle frasi fossero da ricomporre in qualche modo per capire, per svelare l'enigma. Oggi sorrido di quel gioco: era un modo per guardare avanti in un'Italia che a un giovane di vent'anni appariva senza futuro e senza speranza. Ma quel taccuino l'ho conservato; l'ho riaperto nei giorni in cui intervistavo Nino Di Matteo, e ho notato con sorpresa alcune intuizioni di Giovanni Falcone, che solo oggi possiamo cogliere appieno.

Da pagina 10, la seconda dell'introduzione, avevo ricopiato una frase: «Roma è soltanto in apparenza una sede più tranquilla di Palermo; ormai da tempo i grandi boss mafiosi l'hanno eletta a loro domicilio». Una previsione di quanto è emerso sempre più chiaramente con le indagini degli ultimi anni. Di pagina 11 mi aveva colpito un'affermazione a proposito di una *pax* mafiosa «non più salda come prima»: «Si moltiplicano i segnali di un progetto di rivincita delle famiglie palermitane per riconquistare l'egemonia perduta nel 1982 a favore della famiglia di Corleone». È quanto accaduto per davvero, di recente; la geopolitica di Cosa nostra palermitana è già cambiata, gli «scappati» della seconda guerra di mafia – i sopravvissuti a cui i corleonesi di Riina avevano imposto l'esilio – sono tornati a Palermo dagli Stati Uniti, portandosi dietro gli ingenti capitali accumulati in tanti anni di traffici di droga. Ma cosa stiano muovendo quei capitali in Italia non lo sappiamo ancora. Un'altra annotazione, una frase che mi sembrava contenere un ulteriore elemento del rompicapo, oggi è una preziosa indicazione di metodo per la ricerca che resta ancora da fare: «Abbiamo poco tempo per sfruttare le conoscenze acquisite, poco tempo per riprendere il lavoro di gruppo e riaffermare la nostra professionalità. Dopodiché, tutto sarà dimenticato, di nuovo scenderà la nebbia. Perché le informazioni invecchiano e i metodi di lotta devono essere continuamente aggiornati».

Chiudendo il libro trovato sulla bancarella, mi sono affidato alle luminarie di via Volturno per stemperare la sensazione pesante, di chiuso, che mi era rimasta addosso uscendo dal palazzo di Giustizia. Ho ripensato all'ufficio di Nino Di Matteo: ha una bella vista, che spazia sulle montagne intorno a Palermo e sul mare; al centro, la città vecchia, con il palazzo del Parlamento simbolo del potere siciliano; qua e là si intravedono ancora le rovine dei bombardamenti. Fuori dalla porta, uno schieramento di carabinieri attende paziente, lungo un corridoio stretto e senza finestre.

Non è facile scrollarsi di dosso quella sensazione di chiuso. Le parole di Nino Di Matteo pongono interrogativi urgenti, che certo sarebbe più facile rimuovere, per quieto vivere. Sono domande che sento ripetere da tanti altri testimoni di questa città, da chi non è disposto a dimenticare. Uno di loro è Vincenzo Agostino, il papà dell'agente di polizia ucciso il 5 agosto 1989 con la moglie Ida Castelluccio, che era incinta. Continua a ripetere che la verità sulla morte dei suoi ragazzi è nascosta nel cuore dello Stato. E ribadisce la promessa fatta ventisei anni fa: «Non mi taglierò la barba fino a quando non saprò chi li ha uccisi, e perché». In quella stessa estate, una bomba inesplosa era stata rinvenuta davanti alla villa di Falcone all'Addaura; il giudice aveva definito l'attentato come opera di «menti raffinatissime». Usò quell'espressione in un'intervista al giornalista dell'«Unità» Saverio Lodato. Altre parole simboliche delle preoccupazioni di Giovanni Falcone; anche queste confidate a un giornalista, evidentemente perché non trovavano spazio negli atti giudiziari.

Qualche tempo prima di essere ucciso, Falcone affidò un'altra testimonianza importante, di amarezza e di solitudine, a un'amica, pure lei giornalista. Si tratta di Liana Milella, che all'epoca lavorava per «Il Sole 24 Ore». «Prendi questi due fogli, non si sa mai quello che può succedere» le disse. Erano appunti in cui Falcone ricostruiva il clima avvelenato della Procura di Palermo in quegli anni, gli scontri con il procuratore capo Piero Giammanco, le umiliazioni che era stato costretto a subire in quell'ufficio, tali da indurlo a scegliere il trasferimento alla direzione generale degli Affari penali del ministero di Grazia e giustizia. Fogli numerati, chiaramente parte di uno scritto più voluminoso. Ma tutto ciò che c'era prima e dopo non si è mai trovato. Nemmeno nei computer di Falcone: un portatile Compaq che il giudice teneva a Roma, al ministero; un computer fisso Olivetti, anche questo posto sulla scrivania della Direzione degli affari penali in via Arenula; un portatile Toshiba, che Falcone conservava nella sua abitazione palermitana. Tutti i computer, in un modo o nell'altro, sono risultati manomessi. La memoria di un databank Casio era addirittura vuota, ed è sparita una scheda di estensione in cui il giudice riversava atti giudiziari e annotazioni personali.

Inutile dirlo: nessuna traccia del contenuto dei due fogli consegnati a Liana Milella.

Così, oggi sappiamo con certezza che tante parole di Giovanni Falcone non ci sono mai arrivate. Entrarono fin dentro il cuore dello Stato per rubarle o cancellarle. Giovanni Paparcuri – l'autista unico sopravvissuto alla strage che uccise Rocco Chinnici, poi diventato uno dei più stretti collaboratori di Falcone a Palermo – ricorda con precisione il giudice intento a scrivere al computer: «Ogni giorno lo vedevo annotare i suoi pensieri sul databank Casio, e di tanto in tanto io stesso trasferivo materiale del databank ai computer». Con Attilio Bolzoni ho incontrato Paparcuri durante la realizzazione di un videodocumentario sul diario scomparso di Falcone, per Repubblica.it. Ci ha riferito, ancora: «Una volta il giudice mi chiese di andare ad acquistare un'estensione di memoria per il Casio, in un negozio nel centro di Palermo. In quell'occasione comprai anche un cavetto per il collegamento con il minicomputer». Neanche il cavetto è stato mai ritrovato. E allo stesso modo è sparita una ventina di floppy disk che lo stesso Paparcuri aveva riempito, poco prima della partenza di Falcone per il ministero, nell'inverno del 1991. «L'archivio del giudice l'avevo trasferito in un centinaio di dischetti» racconta.

Chissà dove sono nascoste, oggi, le parole di Giovanni Falcone. Chissà chi li ha rubate. Forse servirebbe un «pentito di Stato» per capire, perché i pentiti di mafia hanno saputo raccontare poco o nulla sulle «menti raffinatissime», sul delitto Agostino e sulla scomparsa del diario di Falcone. Storie simbolo, storie dimenticate. Forse, Palermo – tutto il Paese – avrebbe bisogno di più luci per ricordare, di più luci per cercare la verità.

Indice

Finito di stampare nell'aprile 2015 presso
Nuovo Istituto Italiano d'Arti Grafiche - Bergamo

Printed in Italy

RCS Libri

ISBN-978-88-17-08169-6